삶의 현장에서 깨달음을 실현해 가는 단계적「불교수행교본」
성인 – 기초과정(상)

나는 빛이요, 불멸이라

김재영 지음

나는 빛이요, 불멸이라

책 머리에

불교 수행 교본은

① 가정, 직장 등 삶의 현장에서 홀로 공부하는 청년·대학생·직장인·주부 등 불자들과 법회에서 함께 정진하는 대중들을 위한 실천적이며 단계적인 수행교본입니다.
② 성인과정은 다음 4단계로 구분됩니다.
 • 1단계 : 성인–수계과정〈4개월〉
 • 2단계 : 성인–기초과정 상·하〈1년〉
 • 3단계 : 성인–중급과정 상·하〈1년〉
 • 4단계 : 성인–고급과정 상·하〈1년〉
③ 성인–기초과정(상)「나는 빛이요, 불멸이라」는 나 자신의 실상을 하나 하나 규명해 가는 자기 탐구의 작업입니다. 이것은 '수계불자들'이 '선우(善友)불자'의 단계로 나아가는 첫번째 관문인 것입니다.
④「나는 빛이요, 불멸이라」는 대중불교신론⑴「은혜 속의 주인일세」Ⅱ편을 크게 고치고 새로 써서 수행교본으로 개편한 것입니다.

공부하는 법은

① 이 「수행교본」은 자학자습하거나, 법회에서 법사님의 지도를 받으며 함께 공부할 것입니다.
② 먼저 본문을 공부하고, 각 과 말미에 있는 '내용익힘'을 풀면서 요점을 정리할 것입니다. 한 달 한번씩 법사님이나 선배불자님에게 보이고 조언을 받으면 더욱 좋을 것입니다.
③ 깨달음을 실현하는 불교수행은 단순한 교리·이론공부가 아닙니다.
 각 과마다 한 가지씩 제시되어 있는 '실천수행'을 힘껏 실행하고, 각 장의 '창작', '법담의 시간'을 대중들이 함께 열심히 시도할 것입니다.
④ 이 교본은 6개월 과정입니다. 1주 1장씩, 1주 1과씩 차례따라 공부할 것입니다.

차례

책머리에

제1장 ··· **나는 누구인가?**

돌아온 아들 14

제1과 '이는 실로 내 자식이라'
'이는 실로 내 자식이오' 16
대우주 가족의 어버이 17
우주는 장엄한 한 떨기 꽃 19
회향발원/찬불가/내용익힘/교리탐구/실천수행   21

제2과 외아들같이 생각하시니
온 누리의 스승, 일체 생명의 어버이 23
우리는 님의 외딸, 외아들이라 25
병든 자식 더욱 사랑하시니 28
회향발원/찬불가/내용익힘/교리탐구/실천수행   29

제3과 무한 권능의 상속자
이제부터는 이 자식이 주인 31
무한한 창조의 권능자 33
보통사람 이야기 35
회향발원/찬불가/내용익힘/교리탐구/실천수행   37

단원정리 40

제2장 ································ **종인가? 주인인가?**

    횃불을 밝히다 46

    제4과 비처럼 부어지는 풍성한 은혜
    하늘에서 내리는 큰 비 51
    풍성한 은혜를 일상으로 쓰면서 53
    "나는 불자다." 이렇게 선언하라 56
    회향발원/찬불가/내용익힘/교리탐구/실천수행   58

    제5과 은혜 속의 주인들
    그래, 나는 주인이지 60
    은혜 속의 주인 61
    당신 그릇은 얼마나 큰가? 63
    주인의 기도는 66
    회향발원/찬불가/내용익힘/교리탐구/실천수행   69

    제6과 이제 전법하러 떠나가라
    세 갈래 어둔 생각 71
    자작자수(自作自受)하라 73
    전법고행의 길로 나서라 77
    회향발원/찬불가/내용익힘/교리탐구/실천수행   80

    단원정리 82

제3장 ································ **내 운명을 어떻게 바꿀 것인가?**

    어느 전기기사의 경우 88

    제7과 나는 찬란한 불성(佛性)생명
    기이하고 기이하구나! 90
    나는 불성, 찬란한 부처씨앗 92
    불성광명으로 새로 태어나다 95
    회향발원/찬불가/내용익힘/교리탐구/실천수행   98

제8과 마음 밖에서 찾지 말라
이 마음, 이 생각이 곧 불성 101
마음이 모든 것의 근본이 된다 103
이 마음, 이 생각이 창조의 에너지 106
회향발원/찬불가/내용익힘/교리탐구/실천수행   109

제9과 낡은 필름을 바꾸어라
눈뜬 장님들 112
탐·진·치 때문에 115
낡은 생각을 바꿔라 118
회향발원/찬불가/내용익힘/교리탐구/실천수행   123

단원정리 125

제4장 ·· 죄인이 어디 있나?

살인자 앙굴리마라 130

제10과 말 한마디가 죄인을 만든다
연희의 복수 133
말 한마디의 위력 135
사지를 갈갈이 찢을지라도 137
회향발원/찬불가/내용익힘/교리탐구/실천수행   139

제11과 선남자 선여인아!
공포가 잔인을 낳는다 141
'본래청정(本來淸淨)' 선언 144
벗이여, 선남 선녀여! 147
회향발원/찬불가/내용익힘/교리탐구/실천수행   149

제12과 인과응보의 삼엄한 질서
업(業)이 그 씨앗 152
뿌린 대로 거두리라 156
이 몸을 부수는 참회 없이는 160
회향발원/찬불가/내용익힘/교리탐구/실천수행　　165

단원정리 167

제5장 ·· 윤회의 현장은 어디인가?

삶은 잔인한 지옥 172

제13과 윤회의 수레바퀴는 돌고 돌아
사하마을 사람들의 행진 175
삼세의 인과가 끊임없느니 178
전생의 나를 알고 싶거든 180
회향발원/찬불가/내용익힘/교리탐구/실천수행　　183

제14과 지옥에서 천상까지
별나라에서 온 어린 왕자 186
하늘 백성도, 한 마리 소도 188
나는 보았다 191
회향발원/찬불가/내용익힘/교리탐구/실천수행　　194

제15과 지금 여기가 윤회의 현장
육도윤회는 현재 진행중 196
천당 지옥 누가 만들었나? 199
보라, 세상은 불타고 있다! 202
회향발원/찬불가/내용익힘/교리탐구/실천수행　　205

단원정리 207

제6장 ······································무엇이 불자의 삶인가?

참새와 사형수 212

제16과 사성제(四聖諦)에 의지하여
사슴동산의 첫 설법 215
'이것은 고(苦)다.' '이것은 고의 원인[苦集]이다.' 219
'이것은 고의 소멸[苦滅]이다.'
'이것은 고 소멸의 길[苦滅道]이다.' 222
회향발원/찬불가/내용익힘/교리탐구/실천수행   226

제17과 우리도 부처님같이
참된 나의 모습은 228
거룩한 스승이 가신 길을 좇아서 231
성불하세요 236
회향발원/찬불가/내용익힘/교리탐구/실천수행   237

제18과 믿으며 배우며 함께 나누며
발심수행하라 240
믿음·지혜·자비의 길로 244
모든 것은 무너져 간다. 힘써 정진하라 248
회향발원/찬불가/내용익힘/교리탐구/실천수행   251

단원정리 253

부록

발원
나의 기원 256
불자 하루송(頌)-아침기도 257
한 송이 연꽃의 발원 258
평화를 위한 발원-저녁기도 259

찬불가
함께 가는 형제들 262
고마우신 부처님 263
밝은 태양 264
임의 숨결 266
은혜 속의 주인들 267
감로법을 전하자 268
부처의 씨앗일레 269
안에서 찾자 270
오! 이 기쁨 271
부처님 마음일세 273
자비방생의 노래 275
새로 났네 277
불교도의 노래 278
빛으로 돌아오소서 279
부처님 자비손길 280
진리행진곡 281
모두 성불하소서 282
예불가 283
우리의 기도 286

나는 누구인가?

"여러분, 여기 이 사람은 본래 내 자식입니다. 이제 잃었던 자식을 도로 찾았으니, 나는 아무 근심이 없습니다. 내 창고에 가득한 금은보화를 오늘부터 이 자식에게 넘겨 줍니다. 오늘부터는 이 자식이 주인입니다."

―법화경 신해품―

이끄는 말

나와 당신은 외딸 외아들이라

❶ "나는 누구인가?"
"나는 척박한 땅에 버려진 가난한 외톨이에 불과한가?"
많은 벗들이 이렇게 회의하며 거리를 타인처럼 방황하고 있습니다.
부처님은 어찌하여 나와 당신을 '외딸' '외아들'이라 부르시는가? 정녕 님께서는 우리에게 무엇을 상속케 하려 하시는가? 많은 친구들, 형제들이 이렇게 의아해하고 있습니다.

❷ 1장은 「불자(佛子)의 장」입니다.
불자로서의 자신의 정체를 발견하고 부처님을 우리들의 어버이로 맞이하게 될 것입니다. 우리는 여기에서부터 부처님의 무한한 진리생명으로부터 생명되어 나온 우리 자신의 참 모습을 보고 저 장자의 외딸, 외아들같이 우리들의 자부(慈父)로부터 찬란한 금은보화를 상속받게 될 것입니다.

❸ 이제 우리는 고향 집으로 돌아왔습니다. 기나긴 방황, 피곤에 지친 방랑을 청산하고 자애로운 어버이 품으로 돌아왔습니다.
벗이여, 일어나 크게 외치시오.
"나는 불자다.
나는 부처님의 외딸, 외아들이다."

돌아온 아들

 어떤 사람이 어렸을 때 우연한 사고로 어버이와 헤어져 고아가 되어 수십 년을 유랑 걸식하였다.
 몸은 피로하고 마음은 미천해진 그 나그네는 이리저리 떠돌아다니다가, 마침 옛 고향 마을로 흘러 들어왔다. 걸식할 집을 찾던 나그네는 그 마을에서 가장 큰 부호 장자의 집 대문 밖에서 기웃거렸다.
 이 집의 주인 장자는 다름아닌 그 나그네의 아버지였다. 장자 아버지는 자식 생각으로 일구월심 괴로워하고 자식을 찾기 위하여 백방으로 애를 쓰고 있었다.
 장자 아버지는 문 밖에서 기웃거리는 걸인이 곧 자기의 잃어버린 자식인 줄을 알았다. 장자는 크게 기뻐하며 이렇게 생각하였다.
 '이제 내 자식이 돌아왔구나. 창고에 가득한 재산을 물려줄 자식이 돌아 왔으니, 내 이제 무엇을 다시 근심하랴.'
 장자는 곧 아들 이름을 부르며 달려 나갔다. 하인들을 불러서 나그네를 맞이하도록 하였다. 그런데 그 나그네는 자기를 잡으러 오는 줄 알고 놀라 뿌리치며 동리 밖으로 달아났다.
 장자 아버지는 깊이 생각하다가 행색이 초라한 두 하인을 불러서 이렇게 당부하였다.
 "너희들은 그 나그네에게 가서 '장자 집에 좋은 일자리가 생겼는데 삯을 곱절로 준다니 함께 일하지 않겠느냐?' 이렇게 권해 보아라."

마침내 자식은 머슴으로 들어왔다. 처음에는 쓰레기 치우는 일을 시키다가 자식의 마음이 차츰 편안해지고 불안감이 사라져감에 따라 장자 아버지는 보다 더 중요한 일들을 맡겼다.

세월이 흘러 자식은 이제 장자를 대신하여 집안의 전 재산을 관리하는 소중한 직책을 맡게 되었다. 그의 마음은 넓어지고 그의 기상은 늠름하였다.

어느 날 장자는 모든 친척과 마을 사람들을 모아놓고 그를 자기 옆 자리에 앉게 하였다. 장자는 만면에 미소를 띄우고 그의 손을 잡으며 대중들에게 큰 소리로 선포하였다.

"여러분! 여기 이 사람은 본래 내 자식입니다. 이제 잃었던 자식을 도로 찾았으니, 나는 아무 근심이 없습니다. 내 창고에 가득 찬 금은보화를 오늘부터 이 자식에게 넘겨줍니다. 이제부터는 이 자식이 주인입니다."

1과 • 이는 실로 내 자식이오

"삼계(三界, 온누리)는 다 나의 것이요, 그 안의 뭇 중생들 다 나의 자식이라, 이제 이 자식들이 고통 속에서 헤매니 내 아니면 능히 구할 자 없으리라."

―법화경 비유품―

탐구과제
- 부처님과 나는 어떤 관계인가를 발견합니다.
- 천지만물 삼라만상이 무엇으로부터 전개되어 나오는가를 생각합니다.
- 불자(佛子)된 기쁨을 어떻게 표현할 것인가를 찾습니다.

이는 실로 내 자식이오

1 "나는 누구인가?"
   깊은 밤 홀로 깨어 있을 때, 나는 문득 자신을 향하여 이렇게 묻고 있습니다.
   "나는 누구인가? 나는 어디서 왔는가?"
   군중 속에서 나 홀로 뿐인 고독을 느낄 때, 나는 알 수 없는 곳을 향하여 이렇게 묻고 있습니다.
   "나는 누구인가? 나는 지금 어디로 가고 있는가?"
   사랑하는 사람과 헤어져 돌아올 때 나는 저 푸르른 하늘을 향하여 이렇게 묻고 있습니다.
   이 때 한 목소리가 들려옵니다. 저 깊은 곳으로부터 고요한 목소리가 들려옵니다.

"이는 실로 내 자식이오. 나는 네 어버이니라."[1] －법화경 신해품－

2 부처님께서는 나를 님의 자식이라 부르십니다. 부처님께서는 우리를 님의 딸이며 아들이라고 부르십니다.

왜 그러실까?

나는 조용히 명상해 봅니다.

'부처님, 그분은 누구신가? 님은 누구시길래, 우리를 자식이라 부르시는가?'

저 때 아난다에게 들려주신 세존의 음성이 은은히 메아리쳐 옵니다.

"아난다야, 마땅히 이와 같이 생각하라. 우리 석가모니불의 수명은 한량 없으시니, 무슨 까닭인가? 육신은 비록 사라질지라도, 법신(法身)은 상주(常住)한다."
－열반경－

대우주 가족의 어버이

3 법신은 상주한다.

그렇습니다. 부처님은 법신, 무한한 진리광명이십니다.

하늘과 땅을 넘어, 이 세상에 실로 존재하는 것은 진리광명뿐입니다. 이 진리광명만이 참된 생명입니다. 우주 만유 삼라만상은 모두 이 진리광명의 대생명으로부터 생명되어 나옵니다. 천 둥 만

---

[1] 이 말을 한 장자는 부처님이시고, 가난한 아들(窮子)은 중생을 가리킨다. 이 비유를 '가난한 아들의 비유'라고 한다. 장자(長者, śreṣṭha)는 덕과 명성을 갖춘 명문 부호로서, 불교 집안에서는 큰 불사(佛事)를 하는 공덕이 큰 재가(在家)의 남자 신자를 이렇게 부른다.

등이 한 전기 에너지로부터 전등되어 나오고, 무수한 줄기와 가지와 꽃과 잎들과 열매들이 한 뿌리에서부터 움터 나오듯, 나와 당신과, 사슴과 진달래와, 신과 사람과, 해와 달과, 하늘과 땅이 실로 무변광대(無邊廣大)한 진리광명으로부터 생명되어 나옵니다.

그런 까닭에 진리광명은 무한 생명·대생명입니다. 법신 부처님〔法身佛〕은 만 생명의 근본이고, 일체 생명의 모체이십니다. 부처님은 곧 대우주가족(大宇宙家族)의 어버이십니다.

4 세존께서 영산회상(靈山會上)에서 말씀하십니다.

"그래 잘한 말이다. 바로 네 말과 같으니라.

사리풋타〔舍利弗, Śāriputra〕야, 여래(如來)도 또한 그와 같아서 일체세간(一切世間)의 어버이가 되느니라. 여러 가지 두려움과 쇠하고 고뇌하며, 근심과 무명(無明)과 어둠이 영원히 다하여 남음이 없으며, 한량없는 지견(知見)과 힘과 두려움 없음〈無畏, 무외〉을 성취하였고, 큰 신통력과 큰 지혜력이 있으며, 방편(方便, 방법)과 지혜의 바라밀(波羅蜜, Pāramitā, 완성·완전·대성취)를 갖추어, 대자대비에 항상 게으름이 없으며, 항상 선(善)한 일로, 일체를 이익케 하려 하느니라."

—법화경 비유품—

5 "여래는 일체 세간의 어버이가 되느니라."

무슨 까닭인가?

여래는 곧 진리의 주인, 법왕(法王)이시기 때문입니다. 생명은 곧 진리의 산물(産物), 법의 자식이기 때문입니다.

진리를 버리고, 진리 위에 서지 아니하고는, 한 티끌마저도 존재할 수 없습니다. 진리의 뿌리를 통하지 아니하고는 지극히 미미한 풍뎅이 하나도 생명되어 나올 수 없습니다.

선사(先師)께서 말씀하십니다.

"여기에 한 물건(一物)이 있으니, 이 물건이 무엇인고?[2]

　이 물건은 하늘과 땅과 사람을 주관하고, 만법을 다스리나니 하늘로써 덮개를 삼고, 땅으로 받침을 삼고, 사람으로써 그 가운데 처(處)하게 하며, 해와 달과 별과, 풀과 나무와 곤충 등 무릇 모양과 형상이 있는 것은 어느 것 하나 이 물건을 뿌리삼아 성립되지 아니한 것이 없느니라."

　　　　　　　　　　　　　　　　　　　　　－금강경오가해 서설－

6 이 한 물건(一物)이 무엇인가?
　이는 곧 진리광명이신 부처님이십니다. 그런 까닭에 우리는 불자(佛子)입니다. 나와 당신은 부처님의 귀한 자식, 아들이며 딸입니다. 부처님의 생명 뿌리 위에 피어나는 아름다운 불자입니다.

　"이는 실로 내 자식이요, 나는 그 아비라."
　이제사 우리는 부처님의 말씀이 '진언(眞言), 참된 말씀'인 이치를 조금은 짐작할 것 같습니다.

우주는 장엄한 한떨기 꽃

7 벗이여, 가만히 고개 돌려 창밖의 저 뜨락을 살펴 보세요.
　지금 뜨락 안에는 여러 가지 생명들이 서로 어울려 자라고 있지요. 버드나무, 감나무, 오동나무, 향나무, 난초, 백합, 사루비아, 그 사이사이 잡초들도 제 생명을 뽐내고, 그 풀잎 속에서 귀뚜라

---

　2) 이 한 물건(一物)은 우리 생각과 인식의 한계를 초월한 절대 진리 그 자체이기 때문에 사실상 어떤 이름으로도 부를 수 없다. 서산대사(西山大師)가 이렇게 말했다. "여기 한 물건이 있는데, 본래부터 한 없이 밝고 신령하여, 난 것도 아니고 죽는 것도 아니다. 이름 지을 길 없고 모양 그릴 수 없다."
　　　　　　　　　　　　　　　　　　　　　　『선가귀감(禪家龜鑑)』

미는 가을을 불러오고 개미들은 땅굴을 파고 부지런히 겨울 양식을 예비하고…….

저 뜨락은 바야흐로 하나의 작은 우주(小宇宙)인 듯합니다. 그런데 저 뭇 생명들은 어디서 왔을까요? 저 뭇 생명들은 어떤 힘에 의지해서 살아가고 있을까요?

물론 저마다 제 생명의 힘(生命力)을 다 지니고 있지요. 우리는 이 모든 생명력(生命力)의 본처(本處)를 묻고 있습니다. 생명력의 근원을 문제삼고 있습니다.

이제 과학자들은 해명합니다.

'태양계 속의 모든 생명력의 근원은 태양 에너지이다.'

8 이미 우리는 저 광활한 법화(法華)의 대우주(大宇宙)를 보았습니다.

비로자나 부처님께서 한 광명을 놓으사 시방(十方)을 비추시니 갠지스 강 모래알(恒河沙―항하사)보다 더 많은 백천만억 국토가 나타나고 그 국토마다 무수한 중생들이 살고 있고 그 국토마다 부처님이 계셔서 설법하여 뭇 생명들을 교화하시고…….

이것은 결코 한갓 환상이나 문학적 상상의 표현이 아닙니다. 모든 세계, 모든 국토, 모든 하늘, 모든 생명이 부처님의 광명으로부터 생명되어 나온다는 실로 미묘하고 경이로운 대우주의 실상(實相)입니다.

9 이 대우주는 진실로 장엄한 한 떨기 '법화(法華), 진리의 꽃'입니다. 나와 당신과, 사슴과 진달래와, 신과 사람과, 하늘과 땅은 부처님의 크나큰 뜨락 속에 피어난 꽃들입니다. 이제 부처님께서는 진리의 큰 광명으로써 이 꽃들 하나하나를 키우고, 살피고, 해충을 잡고 전지하고 김매고…… 아름답게 가꾸어 가십니다.

이제 부처님께서 기사굴산의 영산회상(靈山會上, 영취산의 큰 법회)에서 법화(法華)의 실상(實相)을 사자처럼 선포하십니다.

"삼계(三界, 온 세상)는 다 나의 것이요, 그 안의 뭇 생명들 다 나의 자식이라, 이제 이 자식들이 고통 속에서 헤매니, 내 아니면 능히 구할 자 없으리라."

-법화경 비유품-

회향발원(저희들 이제 돌아 왔습니다)

자비하신 부처님,
저희는 실로 방황자였습니다. 저희는 실로 방랑자였습니다. 고향을 잃고, 어버이를 잃고, 저 가난한 아들같이, 그동안 저희들은 정처없이 방황하고 초라한 모습으로 떠돌아 다녔습니다.
항상 함께 하시는 자비하신 부처님,
저희들 이제 돌아왔습니다. 오랜 방황을 청산하고 돌아와 어버이 품에 안깁니다. 님의 품에 안겨 자식된 기쁨을 확인하고 있습니다.

-석가모니불 정근-

찬불가 함께 가는 형제들

내용익힘

1. 다음 문장을 완성해 봅니다.
   ① (   )는 다 나의 것이요, 그 안의 뭇 중생들 다 나의 (   )이라. 이제 이 (   )이 고통 속에서 헤매니, (   ) 아니면 능히 구할 자 없느니라.
   ② 부처님은 법신, 무한한 (   )이십니다. 하늘과 땅이 이 세

상에 실로 존재하는 것은 (　　　)뿐입니다.
　이 (　　　)이 참된 생명입니다. 천지만물 삼라만상은 이 (　　　)의 대생명으로부터 생명되어 나옵니다. 그런 까닭에 부처님은 일체 생명의 (　　　)이시고 대우주 가족의 (　　　)이십니다.
③ 이 대우주는 진실로 장엄한 한 떨기 법화(法華), (　　　)입니다. 나와 당신과, 사슴과 진달래, (　　　)과 사람, (　　　)과 땅은 (　　　)의 크나큰 뜨락에 피어난 꽃입니다.

2. 다음 물음에 간결하게 답합니다.
　④ 부처님과 나는 어떤 관계인가?

　⑤ 부처님은 왜 천지만물 삼라만상의 어버이신가?

　⑥ '법화(法華)'란 무슨 뜻인가?

교리탐구 『법화경』「신해품」의 '돌아온 아들의 비유'가 무엇을 의미하는가?

실천수행 자기 이름을 쓸 때 '佛子 ○○○'라고 쓰고, 남 앞에 자기를 말할 때 '佛子 ○○○'라고 일컫기를 생활화하고 남을 부를 때 '佛子님' '佛子님들' 하기를 생활화한다.

2과 • 외아들같이 생각하시니

"카샤파여, 나는 중생들을 실로 자식처럼 생각하며, 라훌라같이 여기노라."

―열반경 장수품―

탐구과제
- '외아들 사랑'이 어떤 것인지 관찰합니다.
- 부처님은 어떤 사람들을 더욱 사랑하시는가를 깨닫습니다.
- 장애자에 대한 불자들의 바람직한 태도가 어떤 것인가를 생각합니다.

온누리의 스승, 일체생명의 어버이

10 "삼계(三界, 온 세상)는 다 나의 것이요, 그 안의 뭇 생명들 다 나의 자식이라."

이것은 참 예삿말이 아닙니다. 천지개벽(天地開闢)하는 대진언(大眞言)이고, 우주의 첫 문을 여는 장쾌한 사자후입니다. 부처님께서도 이런 진언을 결코 쉽게 말씀하시지 않습니다.

왜?

믿음이 없는 자들은 이 진언 듣고서도 믿지 않을 것이고, 마음이 흐린 자는 이 사자후를 도리어 비난할 것이기 때문입니다.

11 그래서 영산회상의 세존께서도 사리불 존자(舍利弗尊者)의 청법(請法, 설법을 청함)을 세 번이나 물리치셨습니다.

"그만 두라 그만 두라, 말하지 말라.

나의 법은 미묘하여 어려웁나니
교만한 사람들이 이 법 들으면
반드시 공경하여 믿지 않으리."

사리불은 다시 간청하였습니다.

"위없는 양족존(兩足尊)[1] 세존이시여,
제일가는 그 법 말씀하소서.
저희들은 부처님 맏아들이니
원컨대 가리시어 말씀하소서.
여기에 한량없이 모인 대중들
이 경(經)을 공경하고 믿으오리다."
                                    -법화경 방편품-

12 "삼계는 다 나의 것이요, 그 안의 뭇 생명들 다 나의 자식이라, 이제 이 자식들이 고통 속에서 헤매나니, 내 아니면 능히 구할 자 없으리라."

정녕 이러합니다. 세존께서는 삼계를 인도하시고 사생(四生)을 낱낱이 구제하십니다.

삼계〔三界, Trayo-dhātavaḥ〕란, 욕심으로 살아가는 세계〔慾界-욕계〕, 미묘한 형상으로 살아가는 세계〔色界-색계〕, 순수한 정신력만으로 살아가는 세계〔無色界-무색계〕, 곧 온갖 차원의 세계, 동물과 사람과 신(神)들의 세계를 통틀어 일컫는 말입니다. 법을 깨치지 못한 윤회(輪廻)와 고통의 세계가 곧 삼계입니다.

사생〔四生, Catasro-yonayaḥ〕이란, 태(胎)로 나는 생명〔胎生-태

---

1) 부처님에 대한 찬탄의 칭호. '지혜와 자비, 지혜와 복덕(福德) 두 가지를 원만히 갖추신 세존(世尊)', 이런 뜻이다. "훌륭하신 양족존 법을 연설하시어 대자대비 힘으로 중생 제도하옵소서." 『법화경』 「화성유품」

생], 알로 나는 생명〔卵生-난생〕, 습기로 나는 생명〔濕生-습생〕, 변화하여 나는 생명〔化生-화생〕, 곧 온갖 형태의 생명과 존재들을 통틀어 일컫는 말입니다. 법을 깨치지 못하고 삼계에서 방황하는 중생이 곧 사생입니다.

부처님께서는 '이 삼계를 인도하시는 스승〔三界尊師〕이시고, 이 사생을 제도하시는 자애로운 어버이〔四生慈父〕'이십니다.

13 '삼계의 스승〔導師〕
　사생의 자부(慈父).'
　벗이여, 이제 우리 저 자부님께 나아가 꽃을 바치지 않으렵니까? 찬탄의 노래를 바치지 않으렵니까?

"삼계를 인도하시는 큰스승님
사생을 구제하시는 자애로운 어버이
이는 곧 우리들의 으뜸 스승
석가모니 부처님께 귀의합니다
〔南無 三界導師 四生慈父 是我本師 釋迦牟尼佛〕."
　　　　　　　　　　　　　－찬불게(讚佛偈)/석문의범－

우리는 님의 외딸 외아들이라

14 '나는 누구인가? 나는 어디서 왔는가?'
　오랜 회의와 방황 끝에 이제 우리는 돌아와 섰습니다. 오래전에 떠났던 그리운 고향 집 문 앞에 와 섰습니다. 자부께서 우리를 보시고 달려 나오시며 부르십니다.
　"자식아, 이 자식아, 어디를 헤매다가 이제사 왔느냐? 어서 들어오너라, 여기가 네 집이란다."
　우리는 놀라지 않습니다. 저 가난한 아들〔窮子-궁자〕처럼 달아나지 않습니다.
　왜?
　우리는 이미 생명의 진실에 눈떴기 때문입니다. 우리가 진리의 자식이라는 진실을 깨달았기 때문입니다.
　우리는 자부(慈父) 앞으로 한 발 다가섭니다. 오랜 그리움으로 목이 메어 눈물을 삼킵니다.
　"자부님, 이제 왔습니다. 고향 잃고 헤매다가 이제 아버님 곁으로 돌아 왔습니다. 저희 어리석음을 용서해 주소서."

15 부처님과 나는 마주 섰습니다. 부처님과 우리 사이에는 어떤 매체(媒體)도 중개인(仲介人)도 필요치 않습니다. 부모님과 자식 사이인데, 누가 끼어들겠습니까?
　저 장자 아버지같이, 자부께서는 당신을 옆자리에 앉히십니다. 당신의 손을 잡으십니다. 자부의 체온이 당신의 체온으로 이어져 흐릅니다. 자부의 마음이 당신의 마음으로 고동쳐 오고, 당신의 설움이 자부의 아픔으로 전하여 갑니다.
　이제 세존께서 나와 당신을 보고 말씀하십니다.

　"카샤파여, 나는 중생들을 실로 자식처럼 생각하여, 라훌라같이 여기노라."
　　　　　　　　　　　　　　　　　　　　　　　　－열반경 장수품－

16 "라훌라같이 여기노라."
　라훌라(Rāhula)가 누굽니까? 부처님의 외아들 아닙니까?
　"그럼 나는 부처님의 외딸·외아들인가?"
　벗이여, 놀라지 마세요. 정녕 이러합니다. 당신은 부처님의 외아들입니다. 나는 부처님의 외딸입니다. 부처님께서는 당신을 외아들로 생각하시고, 외딸로 사랑하십니다. 그래서 부처님의 자비를 '외아들 생각〔一子想〕, 외딸 사랑〔一子愛〕' 이렇게 일컫습니다.

　나는 불자입니다. 우리는 거룩하신 부처님의 외딸이며, 외아들입니다. 이 세상 만류(萬類)는, 저 미미한 한 마리 풍뎅이조차도, 한결같이 부처님의 자식 아님이 없습니다.

　믿는 이도 불자이고, 믿지 않는 이도 불자입니다. 버리고 떠나간 이도 불자이고, 다시 돌아온 이도 변함없이 불자입니다. 저 가난한 나그네같이 고향을 버리고 어버이를 잊었다 할지라도, 여전히 부처님은 우리들의 자부이시고, 우리는 부처님의 딸이며 아들입니다.

17 부처님과 나, 부처님과 우리, 어버이와 외딸·외아들, 자부(慈父)와 일자(一子), 이 관계는 운명적이며 필연적인 것입니다. 누구도 부정할 수 없고 도피할 수 없는 천륜(天倫), 자연의 관계입니다. 억지로 지어 만든 인위적(人爲的)인 관계가 아니라 우리가 생각 아니 해도 저절로 맺어진 관계이지요.

　육신의 부모님과 우리가 핏줄로 맺어진 천륜이라면, 부처님과 우리 사이는 법으로 맺어진 천륜입니다.

　무슨 까닭인가?

　부처님은 진리의 주인·법왕〔法王, Dharma-raja〕이시고, 나와 당신은 법왕자〔法王子, Kumarabhūta〕인 때문입니다.[2] 찬란한 진리의 바닷 속에서 연꽃처럼 피어난, 우리는 진리의 꽃이며, 열매며, 씨앗이기

---

2) 법왕자는 '법왕의 자녀'로서 곧 모든 불자(佛子)들, 보살들을 가리킨다. 부처님께서 법왕이시기 때문이다. 법왕자는 때로는 문수보살과 미륵보살을 부르는 이름으로도 쓰인다. 이 두 보살이 부처님의 특별하신 권능을 행하시기 때문이다. "그때 미륵보살은 이렇게 생각하였다. '문수사리 법왕자께서는 일찍이 지난 세상에서 한량없는 여러 부처님을 공양하고 친근하였으므로 ……" 『법화경』「서품」

때문입니다.

병든 자식 더욱 사랑하시니

18 어버이의 자식 사랑은 평등하여 아무 차별이 없습니다. 그러나 병든 자식과 부족한 자식을 더욱 안타까워하고 슬퍼하는 것이 어버이의 심정 아닙니까? 우리 자부(慈父)의 심정도 또한 이와 같으십니다.

경(經)에서 말씀하십니다.

"부처님께서는 모든 중생들을 자식같이 평등하게 사랑하시지마는 죄 많은 자와, 업보(業報)가 무거운 자와, 어리석고 못난 자를 더 깊이 사랑으로 불쌍히 여기시고, 더욱 더 건져 주려고 하신다.

해가 동쪽 하늘에 솟아올라 어둠을 물리치고 모든 것을 비추고 키워주는 것과 같이, 부처님은 사람들이 살고 있는 세상에 오셔서, 악한 것을 없애고 착한 것을 키워주며, 밝은 빛을 주고 어둠을 물리치며, 깨침의 세계로 인도해 주신다.

그러므로 부처님은 자식을 사랑하는 아버지요, 자식을 불쌍히 여기는 어머니시다. 부처님은 어둡고 괴로운 세상에서 허덕이는 모든 중생을 위하여 구제하고자 힘쓰신다. 그런 까닭에 너희들은 모두 부처님의 자식으로서 이 대자대비한 부처님의 마음을 우러러 찬탄할지니라."

－심지관경－

19 이제 우리는 부처님의 자식으로서 대자대비하신 부처님의 마음을 찬탄합니다. 우리들의 방황과 불화와 좌절을 자부님께 고하고, 그 자애로운 손길을 염원합니다.

우리 청(靑)보리들은 이렇게 노래합니다.

저희는 님의 자식, 맑고 선한 청보리
저희가 길 잃고 어둠 속에 헤맬 때
당신의 손길을 손길을 잡게 하소서.
당신의 손길을 잡게 하소서.

저희는 님의 자식, 맑고 선한 청보리
저희가 정 잃고 불화 속에 헤맬 때
당신의 미소를 미소를 보게 하소서.
당신의 미소를 보게 하소서.

저희는 님의 자식, 맑고 선한 청보리
저희가 뜻 잃고 좌절 속에 헤맬 때
당신의 고행을 고행을 알게 하소서.
당신의 고행을 알게 하소서.

부처님 부처님 자비하신 부처님.

―청(靑)보리의 발원―

회향발원(장애자들의 작은 친구가 되어)

자비하신 부처님.
"나는 세상사람들을 외아들 라훌라같이 사랑하느니라."
이 말씀 듣고 저희들은 님의 본마음을 비로소 깨달았습니다. "나는 죄많은 자와 업보가 무거운 자와 어리석고 못난 자를 더 깊이 사랑하느니라."
이 말씀 듣고 저희들은 저희들의 오랜 교만함을 깨닫고 장애자들을 멀리하고 무관심해온 저희 허물을 부끄러워합니다.
항상 함께 하시는 자비하신 부처님,

이제 저희가 저 고단한 장애자들의 작은 친구가 되겠습니다. 작은 손발이 되고 눈이 되겠습니다.
　　　　　　　　　　　　　　　　　　　　　－석가모니불 정근－

찬불가　고마우신 부처님

내용익힘

1. 다음 문장을 완성해 봅니다.
   ① 카샤파여, 나는 중생들을 실로 (　　　)생각하여, (　　　　) 같이 여기노라.
   ② (　　　)는 나의 것이요, 그 안의 뭇 생명들 다 나의 (　　　)이라, 이제 이 (　　　)이 고통 속에서 헤매니, (　　　) 아니면 능히 구할 자 없으리라.
   ③ 당신은 부처님의 (　　　)입니다. 나는 부처님의 (　　　)입니다. 부처님께서는 당신을 (　　　)로 생각하시고 (　　　)로 사랑하십니다. 그래서 부처님의 자비를 '(　　　), (　　　)', 이렇게 일컫습니다.

2. 다음 물음에 간결하게 답합니다.
   ④ 삼계(三界), 사생(四生)이 무엇인가?

   ⑤ '외자식 생각(一子之想)'이란 어떤 것인가?

   ⑥ 부처님은 어떤 사람을 더욱 깊이 사랑하시는가?

교리탐구　붓다 석가모니의 가족관계는 어떻게 되는가?

실천수행　장애자 복지시설을 견학하고 자원 봉사자가 되기 위한 교육과정에 관한 정보를 수집, 교환합니다.

3과 • 무한 권능의 상속자

"여러분, 여기 이 사람은 본래 내 자식입니다. 이제 잃었던 자식을 도로 찾았으니, 나는 아무 근심이 없습니다. 내 창고에 가득한 금은보화를 오늘부터 이 자식에게 넘겨 줍니다. 오늘부터는 이 자식이 주인입니다."

－법화경 신해품－

탐구과제
- 부처님께서 우리를 보고 "이제부터는 이 자식이 주인입니다."라고 선언하신 까닭은 무엇인가?
- 부처님께서 불자들에게 넘겨주시는 '금은보화'란 실제 무엇을 뜻하는가?
- 어떻게 불경을 읽을 것인가를 터득합니다.

이제부터는 이 자식이 주인

20 부처님은 저 부호장자(富豪長者)이십니다. 부처님의 창고는 무한합니다. 우리가 갈망하는 일체의 금은보화(金銀寶貨)가 그 속에 풍성히 쌓여 있습니다.

경(經)에서는 이렇게 찬탄하고 있습니다.

"그 집이 큰 부자라
많은 금과 은들이며
자거·마노·진주·유리
말과 소와 코끼리와

양과 연과 수레들과

논과 밭과 종들이며
거느린 그 하인들
한이 없고 가이 없어
주고 받는 이익들이
타국까지 미쳤으며
장사꾼과 일꾼들이
그 문전에 줄을 섰네."

－법화경 신해품－

21 이제 자부께서는 이 한량없는 금은보화를 나에게 물려 주십니다. 크나큰 보배 창고의 열쇠를 우리에게 물려 주십니다.

일가 친척과 많은 이웃들이 모인 앞에서, 부처님께서는 나를 불러 옆 자리에 앉히시고, 이렇게 선포하십니다.

"여러분, 여기 이 사람은 본래 내 자식입니다. 이제 잃었던 자식들을 도로 찾았으니 나는 아무 근심이 없습니다. 내 창고에 가득찬 금은보화는 오늘부터 이 자식이 주인입니다. 이제부터는 이 자식이 주인입니다."

－법화경 신해품－

22 "이제부터는 이 자식이 주인입니다."

그렇습니다. 오늘부터는 내가 주인입니다. 당신이 주인입니다. 우리가 부처님의 상속자로서 저 풍성한 창고를 물려 받았습니다. 우리가 어찌 감히 주인 되기를 바라고 저 창고를 욕심내겠습니까? 생각하면 송구하고 두려운 일입니다.

그러나 부처님께서 그렇게 염원하시고, 또 이 사실을 천하에 선포하셨습니다. 그런 까닭에 우리는 송구함을 무릅쓰고 부처님 옆 자리로 나아가 새 주인의 열쇠를 받습니다. 만약 이것을 거부하면 이것은 도리어 스스로 허물을 짓는 것입니다.

무슨 까닭인가?

그것이 곧 법이기 때문입니다. 모든 생명은 저마다 존귀한 이 우주의 주인 되는 것이, 부처님께서 깨우쳐 보이신 만고(萬古)의 대진실(大眞實)이기 때문입니다.

23 이 진실을 증거하시기 위하여 세존께서 맨발로 행진하시며 이 세상에 오셨습니다.
　우리는 기꺼이 이 법에 순종할 것입니다. 이것이 불자로서의 당연한 도리(道理)이지요.
　이제 우리는 카샤파 존자(尊者)를 좇아 이렇게 기쁨을 고백합니다.

　"저희들이 본래에는 바라는 생각이 하나도 없었는데, 지금 법왕의 큰 보배가 저절로 이르렀으니, 불자로서 얻을 것을 모두 얻었나이다."
　　　　　　　　　　　　　　　　　　　　　　　－법화경 신해품－

무한한 창조의 권능자

24 "법왕의 큰 보배가 저절로 이르렀으니."
　이 큰 보배가 무엇인가? 저 창고의 금은보화가 다 무엇인가?
　이것은 크나큰 권능(權能)입니다. 우리 인생을 행복하게, 건강하게, 평화롭게 개척해 갈 한량 없는 창조의 권능, 바로 이 창조의 권능이 부처님께서 우리에게 물려주신 진귀한 금은보화입니다.
　벗이여, 이것은 얼마나 찬란한 은혜며 축복입니까? 대체 하늘과 땅 위에서 이 이상의 은혜와 축복이 어디 있습니까? 빛나는 창조의 권능을 나와 당신에게 베풀 이가 부처님을 두고 다시 누가 있습니까? 주인의 자리를 물려주신 이가 부처님 말고 또 누가 있습니까?
  부처님은 진정 은혜로운 자부(慈父)이십니다.

25 바보 판타카〔Cūḍapanthaka, 周利槃特迦―주리 반특가〕이야기가 생각납니다. 그는 부처님의 대중 가운데 가장 어리석고 머리가 나빠서 쫓겨나게 되었습니다. 부처님께서 기원정사를 나서려다가 울고 있는 판타카를 보고, 그 연유를 알게 되었습니다. 부처님께서는 그를 곁에 두시고 친히 가르치셨습니다.
  세존께서 판타카에게 숙제를 주셨습니다.
  "판타카야, 너는 오늘부터 대중들의 청소를 맡아라. 청소하면서, '빗자루로 쓸어라, 빗자루로 쓸어라.' 매양 이렇게 외워라."
  그런데 이 판타카는 '빗자루'하면 '쓸어라'를 잊고, '쓸어라'하면 '빗자루'를 잊었습니다. 대중들이 그를 불쌍히 여겨 그를 볼 때마다 함께 "빗자루로 쓸어라."하고 외웠습니다.
  이렇게 오래 계속하는 동안 판타카의 어둔 눈이 차츰 깨어나서 빗자루로 쓰는 참뜻을 깨닫게 되었습니다. 눈을 크게 뜬 어느날, 그는 세존 앞에 나아갔습니다.
  "세존이시여, 이제야 겨우 깨달았습니다."
  "무엇을 깨달았는가?"
  "빗자루는 지혜이고, 쓴다는 것은 지혜로 어둔 번뇌를 쓸어 낸다는 뜻입니다."
  세존께서 박수를 치며 기뻐하셨습니다.
  "착하다, 판타카야! 너가 이제 눈을 떴구나."
  이렇게 해서 바보 판타카는 아라한〔arhat, 阿羅漢, 진리를 깨친 聖者〕이 된 것입니다.　　　　　　　　　　　　　ㅡ증일아함경 12ㅡ

26 바보 판타카 사건은 결코 남의 얘기가 아닙니다. 우리는 그동안 '바보, 못난이, 열등생'이라는 소리를 수없이 들으면서 살아 왔

습니다. 그러면서 우리 인류는 '열등의식(劣等意識), 패배의식(敗北意識)'이라는 무서운 고질병을 앓아 왔습니다. 지금도 이 고질병 때문에 괴로워하고 허우적거리는 친구들이 얼마나 많은지 모릅니다.

이제 우리 부처님께서 이 불행한 열등의식의 고질병을 뿌리째 뽑아 버리셨습니다. 부처님께서 우리를 옆 자리, 주인 자리에 앉히심으로써 우리는 열등, 패배의 낡은 상념을 빗자루로 쓸어 버리고, 파도처럼 굽이치는 싱싱한 창조권능(創造權能)의 주인공(主人公)이 된 것입니다.

"내 창고에 가득찬 금은보화를 오늘부터 이 자식에게 넘겨줍니다."

세존의 목소리가 쩌렁쩌렁 귀를 울립니다.

보통 사람 이야기

27 김진기(金珍基) 부인은 행복한 주부. 누구나처럼 일 년에 몇 차례 절에 가는 관습 신자(慣習信者)였습니다.

그런데 1978년 봄 갑자기 큰 재난이 닥쳐왔습니다. 남편이 부도(不渡)를 내면서 경찰에 쫓기는 몸이 되었고 빚쟁이들이 들이닥쳐 가구고 집이고 다 날리고 말았습니다.

김 부인이 가장으로 나설 수밖에 없게 되었습니다. 김 부인은 황급하고 막막한 나머지 평소에 나가던 불광동 조그마한 암자로 찾아갔습니다.

그 암자의 보살님이 자그마한 『독송용 금강경(金剛經)』을 내 주며 위로했습니다.

"이 경을 읽으시오. 무량공덕(無量功德)이 있는 경이니, 좋은 일이 있을 것이오."
 그때부터 김 부인은 새벽 4시부터 통행금지 시간까지 동분서주 했습니다. 그러면서 그는 쉴 새 없이 염불하고 경을 읽었습니다. 버스 타고 다니면서, '부처님, 관세음보살님' 염불하고 다방에서 누굴 기다릴 때도 정신 없이 금강경을 읽었습니다.
 사람을 만나려고 기다리면서 『금강경』을 읽고 나면 금방 필요한 액수의 돈이 손에 들어왔습니다. 이런 나날이 계속되자 어느새 빚이 청산되어서 남편도 돌아오고 가족도 다시 모여 살게 되었습니다.
 어려운 일을 만나 난감할 때, 그는 『금강경』을 읽고 나서 잠잠히 생각하는 버릇이 생겼습니다. 묵묵히 생각하면 어느덧 길이 열렸습니다. 롯데관광회사에 취직이 되어서 새 생활을 하면서도 그는 끊임없이 염불하고, 길에서 스님 만나면 일심 기울여 예경(禮敬, 예배) 했습니다. 그는 교리책을 사서 불경 공부를 하고, 1979년 봄부터 금강경 사경(寫經, 경을 옮겨 쓰는 일)을 시작했습니다. 매일 조금씩 써서 석 달만에 3권을 사경하였습니다. 그 무렵 그의 소망은 작으나마 집을 갖는 것이었는데, 3권 사경을 마치고 나니 형편에 알맞는 집을 사게 되었습니다.
 지금 김 부인은 회사의 부장이 되어서 더 큰 집도 장만했습니다. 이제 그의 염원은 부처님 법을 전하여 은혜에 보답하는 것입니다.
 김진기 보살은 이렇게 서원하고 있습니다.

 "자녀들에게 보다 확고한 믿음을 갖게 하고, 우리 주변 모든 사람에게 부처님의 진리로써 지혜롭게 행복하게 되기를 기원합니다. 그래서 나는 어떤 모임에서든 내가 불자인 것을 자처하며, 부족하나마 아는 만큼의 부처님 말씀을 전하는 데 힘쓰고 있습니다."[1]

---

1) 김진기 '不可思議한 金剛經 공덕', 월간「佛光」106호(1983.8) pp.105-109

28 "창고에 가득찬 금은보화
  우리는 무한 권능의 상속자."

 이것은 경전에 나오는 한갓 추상적인 얘기가 아닙니다. 3천여 년 전 바보 판타카에게만 일어났던 특별한 기적도 아닙니다.
 보통 사람들의 보통 이야기.
 그렇습니다. 이것은 나와 당신, 저 거리의 형제들, 이 세상의 보통 사람들이 일상으로 체험하는 보통 이야기, 보통 사건입니다. 저 김진기 보살을 보십시오. 그는 지금 다시 살아나고 있습니다. 폐허 위에 서서 새 인생을 창조해가고 있습니다. 저 힘이 어디서 오는 것입니까? 저 힘이 무엇입니까? 이것이 곧 창조의 권능입니다. 이것이 곧 부처님께서 우리에게 물려주시는 풍성한 '금은보화'입니다.

29 "나는 불자
  무한 권능의 상속자
  내 창고에 간직된 풍성한 금은보화."

 이제 우리는 이 진실을 굳게 믿습니다. 결코 다시 의심하거나 회의하지 않습니다. 저 바보 판타카같이 이 진실을 기뻐하고, 저 김진기 보살같이 이 놀라운 진실을 굳게 믿습니다.

회향발원(우리는 풍성한 상속자라네)

 자비하신 부처님,
 "내 창고에 가득한 금은보화, 오늘부터 이 자식이 곧 주인이라

네." 님께서 이렇게 말씀하십니다. 저희들 손을 잡고 님께서는 나지막한 목소리로 이렇게 말씀하십니다. 이제 저희는 상속자가 되었습니다. 님의 상속자, 풍성한 상속자가 되었습니다.

항상 함께 하시는 자비하신 부처님,

이제 저희는 움츠린 가슴을 활짝 폅니다. 활짝 편 가슴을 풍성한 상상력으로 가득 채웁니다. 금은보화로 가득 채웁니다.

-석가모니불 정근-

찬불가 밝은 태양

내용익힘

1. 다음 문장을 완성해 봅니다.
   ① 여러분, 여기 이 사람은 본래 내 (   )입니다. 이제 잃었던 (   )을 도로 찾았으니 나는 아무 (   )이 없습니다. 내 창고에 가득한 (   )를 오늘부터 이 (   )에게 넘겨줍니다. 오늘부터는 이 (   )이 (   )입니다.
   ② 저 창고의 금은보화가 무엇인가? 이것은 크나큰 (   )입니다. 우리 인생을 (   ), (   ), (   ), (   ) 개척해 갈 한량없는 (   ), 바로 이것이 부처님께서 물려주신 (   )입니다.
   ③ 나는 (   ), 무한권능의 (   ), 내 창고에 간직된 풍성한 (   ), 우리는 이 진실을 굳게 믿습니다.
   이 놀라운 (   )을 굳게 믿습니다.
2. 다음 물음에 간결하게 답합니다.
   ④ 부처님께서 우리를 '주인'이라고 부르는 것은 무엇 때문인가?

   ⑤ 부처님께서 넘겨 주시는 금은보화란 실제 무엇을 뜻하는가?

⑥ 인류가 앓아 온 심각한 고질병이 무엇인가?

교리탐구 판타카는 불교 교단에서 어떤 인물인가?

실천수행 독경(讀經)하는 방법을 배워서, 아침 저녁 30분간 『금강경』을 독송하면서 기도하고 참선합니다.

단원정리

● 합송   우리는 외딸 외아들

법사   선남 선녀들아, 그대들은 누구십니까? 그대들은 어디로부터 왔습니까?
대중   우리는 불자, 부처님의 자녀들, 부처님께서는 저희를 향하여, "이는 실로 내 자식, 나는 그 아비라." 선포하십니다. 부처님은 크나큰 모체, 천지만물 삼라만상 대우주 가족의 어버이, 우리는 이 크나큰 부처님의 뿌리로부터 생명되어 나온 한 송이 꽃, 한 알의 보리 씨앗, 맑고 푸르른 청보리입니다.
법사   선남 선녀들아, 저 부처님은 그 자녀들을 위하여 어찌하십니까? 우리들을 위하여 어찌하십니까?
대중   저 부처님은 저희들을 외딸 외아들같이 생각하시며 사랑하십니다. 항상 저희들을 보살피시며 지켜주십니다. 어둠 속에 등불을 밝히시며 "눈 뜨라, 눈 뜨고 이 생명의 빛을 보아라." 간곡히 일깨우십니다. 해가 동쪽 하늘에 솟아올라 어둠을 물리치고 모든 것을 비추고 키워주듯, 부처님은 우리들이 살고 있는 세상에 오셔서 악한 것을 없애고 선한 것을 키워주며 깨침의 세계로 인도하십니다.
법사   선남 선녀들아, 부처님께서는 그 자녀들에게 무엇을 베풀어 주십니까?
대중   우리 부처님께서는 저희들에게 창고에 가득찬 금은보화를 베풀어 주십니다. "이 창고에 가득찬 금은보화, 오늘부터 너희들이 주인이니라." 하십니다. 이제 우리는 부처님의 상속자가 되었습니다. 무한권능의 상속자가 되었습니다. 이 금은보화, 무한권능의 힘을 선용하며 우리는 우리 인생을 복되게 창조해가고 있습니다. 우리는 외톨이가 아닙니다. 우리는 외로운 가난뱅이가 결코 아닙니다.
다함께   벗이여, 선남 선녀들이여, 모두 이리로 오시오. 외롭고 가난한 음지를 버리고 이 풍성한 고향 집으로 오시오. 기나긴 방황, 피곤에 지친 방랑을 청산하고 자애로운 어버이 품으로 돌아오시오. 금은보화가 벗을 기다리고 계십니다. 우리 어버이께서 당신에게 물려줄 금은보화를 쌓을 큰 창고의 열쇠를 손에 쥐시고 벗을 기다리고 계십니다. 벗이여, 선남 선녀들이여, 당신은 이제 불자입니다. 부처님의 외딸 외아들입니다. 이 창고의 열쇠를 어서 받으시오. 지금부터 당신이 주인입니다.

● **창작** '돌아온 아들'을 한 편의 연극으로 꾸며 발표합니다.
● **법담(法談)의 시간**
  사랑방에 빙 둘러앉아 다음 주제를 중심으로 자유롭게 각자의 생각을 발표하고 겸허히 경청합니다.
  주제에 관해서 한 법우가 사전에 정리하고 자료를 준비하여 나눠보면 더욱 유익한 법담이 될 것입니다.
1. 주제 : 장애자를 위한 자원봉사의 실제적인 방법에 관하여
2. 주요내용
   ① 장애자시설에서 요구하는 봉사의 내용이 무엇인가?
   ② 자원봉사자가 되려면 어떤 교육을 받아야 하는가?
   ③ 불교계의 장애자시설의 현황은?
   ④ 불교계의 자원봉사자 교육과정은?
   ⑤ 우리 법회에서 구체적으로 실천할 수 있는 방법은?

제2장

종인가?
주인인가?

"아난다야, 너희는 너희 자신을 등불삼고 진리를 등불삼아라. 그밖의 무엇도 등불삼지 말아라. 너희는 너희 자신을 의지처로 삼고 진리를 의지처로 삼아라. 그밖의 무엇도 의지처로 삼지 말라."

—마하파리닙바나—

제2장 종인가? 주인인가? 45

이끄는 말

은혜 속의 주인일세

❶ '나는 왜 이렇게 고단한가?'
'나는 부처님의 상속자인데, 비처럼 부어지는 풍성한 은혜 속에 살고 있는데, 내 삶은 어찌 이리 곤궁한가?'
많은 친구들이 이렇게 회의하고 있습니다.
"부처님도 쓸데없고 하느님도 쓸데없어. 모든 게 팔자소관이야."
많은 친구들은 또 이렇게 불신하면서 비틀거리고 있습니다.

❷ 2장은 「주인의 장」입니다. 우리 스스로 운명의 주인인 도리를 탐구할 것입니다.
여기에서 우리는 부처님 은혜의 진정한 의미를 깨닫고, 이 풍성한 은혜를 선용하며 스스로 선택하고 스스로 창조해 가는 자작자수(自作自受)의 도리를 자각하게 될 것입니다.

❸ 벗이여, 어서 이리로 오시오. 비좁고 비루한 종의 자리 박차고 일어나, 여기 광활하고 상쾌한 주인 자리로 올라 오시오.
벗이여, 나아가 이 소식을 전하시오.
"너희가 주인이다, 너희가 등불이다."

횃불을 밝히다[1]

저는 유교의 집안에서 태어나 부처님의 공덕으로 남매를 둔 평범한 가정의 주부였습니다. 이제부터 참으로 암담했던 지난 이야기를 하자니 가슴이 메이고 눈물이 앞을 가립니다.

지금으로부터 4년 전인 1987년 8월의 햇살은 유난히도 따가웠습니다. 저는 평소 피로가 자주 오며 감기도 남보다 자주 앓았습니다. 목이 자주 잠기면서 기침도 잦더니 가슴에 멍울이 잡히기에 미심쩍은 마음에 동네 병원을 찾았습니다.

원장님께서 진찰을 해보시고 고개를 갸우뚱하면서 원자력병원으로 가보라고 했습니다. 덤덤한 마음으로 병원에서 4, 5일간 진찰을 받은 결과 '유방암'이라는 진단을 받았습니다.

수술을 당장 하지 않으면 암세포가 순식간에 퍼져서 몇 달을 살지 못할 거라면서 수술을 빨리 해야만 된다고 했습니다. 이 어인 날벼락입니까.

"암, 특히 그 중에서도 '유방암'이라니…."

잔잔했던 저의 가슴에 갑자기 파문이 일기 시작했습니다.

암이란 남의 일로만 생각했을 뿐 제게는 생소한 단어일 뿐이었습니다.

설마 했던 것이 현실이 되고 보니 눈앞이 캄캄하고 허탈해졌습니다. 집에 돌아와서도 아무런 말없이 계속 침묵만을 지키자 우리

---

[1] 윤화자, '횃불을 밝히다' 월간 「佛光」 207호(92/1) p.97

거사님은 궁금타 못해 병원에 가서 직접 확인을 했습니다. '유방암'이라는 사실을 알고는 얼굴이 사색이 된 채 돌아와 곧 수술을 받으라는 것이었습니다.

현대의학이 발달했으니 의사 선생님 말씀대로 수술을 받아야 된다는 한결같은 가족들의 의견이었습니다. 그러나 저는 선뜻 수술을 해야겠다는 결정을 하지 못했습니다. 저는 아이를 갖고 순산을 해도 후유증이 남달라 몇 개월씩 몸조리를 했었습니다.

인생은 누구나 한 번은 죽는 것. 앞서거니 뒤서거니 하루하루가 죽음을 향하여 가는 것이건만, 탐·진·치 삼독과 육근에 휘둘리지 말고 나 자신 본래 면목을 스스로 찾아야겠다고 생각했습니다. 부처님 말씀처럼 병이란 원래 없는 것이라고 생각하며 '내 몸에 칼은 죽어도 안 대겠다.'고 결심한 것입니다.

그러면서 스스로 발병한 원인을 분석해 보았습니다. 서로 다른 환경에서 만난 우리 부부는 매사에 성격차이로 괴로웠습니다. 거사님보다는 제 자신이 거사님을 미워하고 원망하고 괴로워했습니다. 그런 가운데 저는 자신감도 없고 의욕도 없었습니다. 심지어는 한 많은 세상 빨리 끝나버렸으면 좋겠다는 생각을 하기도 했습니다.

우리 거사님의 성격은 완벽하고 깔끔했습니다. 그러나 저는 그러한 성격을 이해 못하고 무작정 참고 살아가려니 바로 그것이 '화탕지옥'이었습니다.

『금강경』 말씀의 "응무소주 이생기심(應無所住 而生其心)"을 하지 못하고 분별심은 집착을 낳아 응어리진 가슴에 병을 만들었던 것입니다.

『지장경』「참회록」에 시집식구를 미워하면 오른쪽 유방이 아프고 남편을 미워하면 왼쪽 유방이 아프다고 했듯이 부처님 말씀에는 한 치의 오차도 없었습니다. 그것은 바로 저를 두고 한 말씀이었습니다.

지금 생각해 보면 잘 먹고 잘 입고 큰 집에서 호강하는 것보다 하루 한 끼 먹어도 마음이 편하고 믿고 의지할 수 있는 언덕이 필요한 것이었습니다. 우리 거사님께서는 의사 선생님 말씀에 따르지 않는 저의 고집에 너무나 상심한 나머지 살이 눈에 보일 정도로 빠졌고 온 집안은 초상집과 같은 분위기였습니다.

그 무렵 지혜윤 보살님을 만나서 법주 큰스님을 친견했습니다. 스님께서는 병을 고치기 위해서는 가정의 화목이 무엇보다 중요하다고 말씀하시면서 치료도 기도고, 약 먹는 것도 기도고, 기도도 기도이니 열심히 기도하라고 하셨습니다.

법주 스님을 친견하고 나오면서 저는 많은 생각을 했습니다. 남 보기에는 사이좋은 부부지만 남편은 내가 괴로워하며 당신을 미워하는 것을 몰랐고 저는 항상 미워하고 원망하며 육신을 병들게 했습니다. 남편의 폭발해버리는 스트레스를 제가 모두 안고, 버리지 못했으니 말입니다. 반야바라밀 정법에 진작 귀의했더라면 모두를 버리고 비웠을텐데!

남편 역시 부처님이시며 이 모두가 저를 성숙 발전시켜주시는 불보살님의 나툼이셨나 봅니다.

그후 저는 수술보다는 바라밀 수행을 열심히 하기로 작정하고 불광에서의 50일 기도 정진, 한마음 선원에서 한마음 돌리기, 구룡사의 3,000배 철야정진 등을 했습니다. 또한 유명한 사찰보궁을 참배하면서 혼신의 힘을 기울여 일심으로 저의 업을 참회하며 부처님께 바른 예를 올렸습니다.

우리 거사님께서도 환자가 그렇게 열심기 기도 정진하는데 자기도 고락을 같이 나눠야겠다고 일심으로 철야 정진 3,000배 기도에 동참을 하면서 땀으로 적신 수건이 수십 장, 수백 장에 이르렀습니다.

진정으로 고맙다는 생각이 가슴 속에서 배어나왔습니다.

밝음 앞에 어둠이 사라지면서 너와 내가 둘이 아닌 하나임을 알게 되고 괴로움 투성이던 응어리진 가슴은 눈녹듯이 녹아 내리며 삼천대천 세계에 가득찬 미진수 부처님께 감사의 눈물을 수없이 흘리면서 진정으로 참회하였습니다.

여든이 다 되신 친정 어머님께서는 딸에게 좋다는 약을 다 해주시며 집안 식구 모두가 하나같이 저를 아껴주시며 사랑해주셨습니다. 저는 그 은혜에 보답하는 길은 부처님을 확실히 믿고 주윗분들을 모두 부처님으로 모시고 걸림없는 생활을 하는 것이라 생각했습니다.

전법으로 바른 믿음과 최상의 보은을 삼고 저의 집안 형제 모두에게 부처님 말씀을 전하는 것으로 생활했으며 '법등'임원으로 부지런히 정진하며 제4기 명교사 교육도 마쳤습니다.

"모든 것을 둘로 보지 말고 하나로 볼 것이며, 상대방을 존중하고 자신의 밝은 생명체마저도 귀하게 여겨 대립되지 않고 화합하는 삶만이 이 세상을 불국토로 바꿀 수 있다."는 법주 스님의 말씀이 항상 저를 깨우쳐 주셨습니다.

앉으나 서나 반야바라밀을 염하면서 가까운 이웃, 내 형제부터 부처님으로 모시니 그 이후로부터 몸에서 더 이상 병의 진전은 없었으며, 피곤함도 잊고 매사를 긍정적으로 사는 생활을 하게 되었습니다.

사람들은 항상 바라는 마음이 많을 때 서운함, 원망, 괴로움에 스스로를 결박 구속함으로써 육신을 병들게 한다는 것을 알았습니다. 아무리 많은 음식도 한 입으로 들어가며 한 곳으로 나온다는 진리도 깨달았습니다. 이상과 분별심을 버리니 항상 저의 마음은 넉넉하고 여유가 생겼습니다.

그러자 법등 식구들은 저보고 밝고 명랑하며 모든 것을 버린 보살이라 칭찬해주셨습니다. 저 역시 환자라는 생각을 버리고 '일체가 유심조'임을 깨달았습니다.

거사님께서도 어느새 불광의 수행자가 되어 일요법회, 순례법회에도 열심히 동참하며 새벽기도,『금강경』 독송 등의 수행으로 본래의 참성품으로 생활을 하고 있습니다.

모든 것은 나로 인해 생산되고 벌어지는 것이었습니다. 모든 문제의 해결사는 자신밖에 없는 것입니다.

내가 지은 것은 내가 거두어야 하고 내가 일으킨 것은 내가 녹이고 내가 주인공임을 믿으면서 일심으로 기도하고 나를 비우는 과정에서 내 몸은 낫게 되는 것이었습니다.

이렇게 정진하고 기도하는 동안 저의 병도, 죽음의 공포도 어느새 사라졌으니 모든 게 감사할 뿐이었습니다. 울며 괴로워하며 살아온 수많은 세월이 제 모습이라고 생각하니 기쁨의 눈물인지 참회의 눈물인지 신행수기를 쓰면서 눈물이 한없이 쏟아졌습니다.

말로 하면 만 가지로 벌어지지만 이치에 들어서면 모두가 하나이며 남의 허물은 곧 나의 허물로 보고 사념일 때 번뇌가 일며 정념일 때 번뇌가 가시는지라 '사(邪)'와 '정(正)' 모두 여의어 쓰지 않을 때 생멸없는 청정지에 이르름도 알았습니다.

번뇌의 안개 속을 헤매며 무명으로 뒤덮힌 어두운 집안에 지혜의 밝은 태양을 비춰주신 일체 미진수 부처님, 법주 큰스님께 3배의 큰절을 올립니다. 나무 마하반야바라밀.

4과 • 비처럼 부어지는 풍성한 은혜

"모든 이를 가엾게 여겨 많은 먹을 것을 약속한 분은 기쁘게 널리 보시를 하며, '베풀어라, 베풀어라'고 설한다. 마치 뇌성이 울려 퍼지고 천둥이 치며 비가 퍼부어 넘치는 물이 높은 지대이건 낮은 지대이건 윤택하게 만들듯이 세상의 어떤 분은 그와 같다."

―이티붓타카/가뭄과도 같은 사람―

탐구과제
- 부처님의 은혜가 어떤 모습으로 우리에게 다가오는가를 살핍니다.
- 우리들의 일상적인 삶이 어떤 바탕 위에서 이루어지는가를 생각합니다.
- 어떻게 하는 것이 부처님의 은혜를 받아들이는 계기가 되는가를 깨닫습니다.

하늘에서 내리는 큰 비

1 "이 메마른 세상에 왜 태어났을까? 나는 가난한 부모님에게서 태어났으니, 내 앞날에 무엇을 기대하겠는가? 내가 가진 게 무엇인가? 유산도 없고, 머리도 나쁘고, 얼굴도 못나고, 배경도 없고……."
　이렇게 우리는 스스로 자신을 끊임없이 괴롭히고 있습니다.
　"네가 잘 하는 게 대체 무엇이냐? 너는 열등생, 문제아, 아이큐(IQ) 평균이하, 유전인자(遺傳因子)가 나빠, 타고난 팔자가 잘못됐어, 저주 받은 운명이야……."
　이렇게 우리를 과소 평가하고 초라하게 만드는 위협적인 예언들이 도처에서 우리를 마취시키려 하고 있습니다.

그러나 이것은 모두 진실이 아닙니다. 인간들의 무지(無知)가 안팎으로 빚어낸 번뇌망상(煩惱妄想), 혼미한 생각, 뒤바뀐 상념(想念)들입니다.

나는 이제 고요히 묻고 있습니다.

"나는 누구인가?"

"나는 대체 무엇인가?"

저 푸른 하늘에서 한 목소리가 울려옵니다. 아니, 내 깊은 곳으로부터 한 목소리가 울려나옵니다.

"나는 불자,
무한 권능의 상속자."

2 그렇습니다. 나는 불자입니다. 당신은 무한 권능의 상속자입니다. 나는 가난뱅이가 아닙니다. 당신은 메마른 땅에 버려진 외로운 씨앗이 결코 아닙니다. 우리는 부처의 씨앗[佛種子], 복된 밭[福田], 은혜로운 부처님의 대지에 뿌리박은 선한 씨앗, 보리씨앗, 청(靑)보리들입니다.

부처님께서는 이 대지 위에 한량 없는 생명의 비, 감로(甘露)의 비를 내리십니다. 큰 구름이 세상 위에 일어나 온갖 생명들을 뒤덮고 고루 넓게 비를 내리듯, 부처님께서는 나와 당신의 생명 위에 풍성한 은혜의 비를 내리십니다.

붓다 석가모니께서 설하십니다.

"모든 이를 가엾게 여겨 많은 먹을 것을 약속한 분은 기쁘게 널리 보시를 하며, '베풀어라, 베풀어라'고 설한다. 마치 뇌성이 울려 퍼지고 천둥이 치며 비가 퍼부어 넘치는 물이 높은 지대이건 낮은 지대이건 윤택하게 만들듯이, 세상의 어떤 분은 그와 같다."

―이티붓타카/가뭄과도 같은 사람―

이 비는 『법화경(法華經)』에 이르러서는 하늘 땅을 가득 덮으며 이렇게 쏟아지고 있습니다.

"카샤파여, 비유컨대 삼천대천세계 속의 산천·계곡·토지에서 자라는 초목과 숲과 온갖 약초는 그 종류가 여러 가지이며 이름과 모양이 각각 다르니, 짙은 구름이 가득히 퍼져 삼천대천세계를 가득 덮고 일시에 큰 비가 고루 내려 적심이 두루 흡족하면, 초목과 숲과 모든 약초의 작은 뿌리·작은 줄기·작은 가지·작은 잎새와 중간 뿌리·중간 줄기·중간 가지·중간 잎새와 큰 뿌리·큰 줄기·큰 가지·큰 잎새와 크고 작은 나무들이 상(上), 중(中), 하(下)를 따라 각각 받아 들이는 것과 같으니라.…" -법화경 약초유품-

풍성한 은혜를 일상으로 쓰면서

3 '삼천대천 세계를 두루 덮은 구름, 하늘과 땅과 산과 골짜기에 풍성히 내리는 비, 생명의 비를 흡족히 마시며 너울너울 춤추는 낱낱의 꽃과 나무들.'
  이것은 결코 상상(想像)의 말씀이나 마음의 문제, 관념의 문제가 아닙니다. 이것은 실로 눈에 보이는 구체적인 응답이고 현실적인 해결입니다. 부처님의 은혜는 지금 여기에서 당장 과보(果報, 응답·결실)가 생기는 명백한 것입니다. 직장, 새 집, 건강, 가족의 화목……, 우리가 무엇을 원하든 그것이 법다운 것이라면 부처님께서는 곧 은혜로써 응답하십니다.
  이것이 바로 부처님 법의 특성입니다. 경(經)에서는 이렇게 말씀하십니다.

"법은 세존에 의해 잘 설해졌나이다. 곧 이 법은 현실적으로 체험되는 성질의 것이며, 때를 기다리지 않고 과보가 있는 성질의 것이며, '와서 보라'고 말할 수 있는 성질의 것이며, 니르바나〔평화와 성공〕로 잘 인도하는 성질의 것이며, 또 지혜 있는 자가 자기 스스로 알 수 있는 성질의 것입니다."
　　　　　　　　　　　　　　　　　　　　　　　　－잡아함경 30－

4 "이렇게 정진하고 기도하는 동안 저의 병도 죽음의 공포도 어느새 사라졌고 모든 게 감사할 뿐이었습니다. 울며 괴로워하며 살아온 수많은 세월이 제 모습이라고 생각하니, 기쁨의 눈물인지 참회의 눈물인지 신행수기를 쓰면서 한없이 쏟아졌습니다."

저 부인의 고백은 부처님 법의 현실성(現實性)을 보여주는 조그마한 증거입니다. 부처님의 은혜는 현실적으로 증명되는 것이며, 반드시 과보(果報)가 있는 것이며, '와서 보라'고 자신있게 외칠 수 있는 것이며, 크나큰 평화와 기쁨으로 인도하는 것이며, 눈뜬 이는 스스로 알 수 있는 것이라는 진실을 드러내는 하나의 조그마한 증거인 것입니다.

5 내가 잘나서 잘사는 것이 아닙니다. 내가 잘나서 건강한 것이 아닙니다. 내가 잘나서 출세하고 성공하는 것이 아닙니다. 이것은 부처님의 한량없는 공덕장(功德藏)에서 내가 내어 쓰기 때문에 가능한 것입니다. 공덕장이란 부처님께서 수 많은 세월 동안 중생을 위해서 공들여 쌓아온 크나큰 자비의 곳간입니다. 부처님께서 파놓으신 생명수의 샘입니다. 부처님께서는 지금 그 자비의 곳간을 열으시고 내게 끊임없이 베풀어 주십니다. 부처님께서는 지금 그 샘을 열으시고 나와 당신에게로 한량없는 생명수를 부어 주십니다.

나는 이 자비를 일상으로 쓰고 있습니다. 우리는 이 생명수를 오늘 하루 양껏 마시며 살아가고 있습니다. 이것이 우리 삶의 근본 도리입니다.

6 그런 까닭에 우리는 저 거룩하신 부처님 앞에 나아가 합장 경배를 드립니다. 조그마한 재주를 믿고 '나밖에 누가 있느냐?' 이렇게 자만해 온 자신의 어리석음을 부끄러워하며, 우리는 부처님 앞에 꿇어 앉아 경배를 드립니다. 내 모든 일상의 삶을 통하여 끊임없이 부어지는 저 크나큰 은혜를 생각하며, 우리는 부처님 앞에 꿇어 앉아 경배를 드립니다.

우리는 마하카샤파를 따라 이렇게 찬탄의 노래를 바칩니다.

"중생을 지도하사
이익 얻게 하시오니
억천 겁에 그 은혜를
누가 능히 갚으리까?

수족되어 받들고
머리 조아려 예경하며
온갖 일로 공양해도
그 은혜 못 갚으며

머리 위에 받들거나
등에라도 업고 다녀
항하사 오랜 세월
마음 다해 공양하고…(중략)…

이렇게 여러 가지로
항하사 오랜 겁에
정성 다해 공양해도
그 은혜 못 갚으리."

－법화경 신해품－

'나는 불자다' 이렇게 선언하라!

7 우리 자부(慈父)께서는 이 세상에 으뜸가는 부호 장자이십니다. 우리 자부의 보배 창고는 실로 무진장(無盡藏, 다함이 없는 곳간)입니다. 한마디 말씀, 한 번의 고요한 미소, 한 권의 경(經) 속에도 '무량 공덕'이 물결치고 있습니다. '한량없는 창조의 권능'이 출렁이고 있습니다.[2]

저 가난한 아들과 같이, 우리가 자부 곁을 떠났기 때문에 우리의 고통과 가난과 자학은 시작된 것입니다.

"내 아들아."하고 부르시는 자부의 부름에 놀라 도망치기 때문에, 우리의 고뇌와 궁핍은 더욱 깊어지는 것입니다. 가난뱅이 습성에 익숙하여 스스로 불자의 자리에 나서기를 기피하기 때문에 문제는 더욱 어려워지는 것입니다.

8 부처님의 실재와 그 무한한 은혜를 믿지 않는 것은, 제 생명의 뿌리를 부정하는 자멸을 뜻합니다. 음지에 핀 꽃이 어찌 열매 맺을 수 있고, 뿌리 없는 나무가 어찌 성장할 수 있겠습니까?

부처님을 불신(不信)하는 것은 필경 스스로 제 생명을 불신하는 자멸의 길입니다.

누가 가난뱅이인가?

곧 믿음이 없는 사람입니다. 자신의 뿌리가 깊고 풍성한 우주적 대생명과 직결되어 있다는 생명의 실상을 믿지 않는 자는 이 세

---

2) "수보리야, 장차 오는 세상에 만약 선남자 선여인이 있어, 능히 이 경을 마음에 받아가져 입으로 외우면, 여래가 곧 부처의 지혜로서 이 사람을 다 아시고, 이 사람을 다 보시므로, 모두 한량없고 가이 없는 공덕을 성취하느니라."
『금강경』

상에서 가장 불행한 가난뱅이입니다.[3]

9 "나는 부자다, 나는 재벌이다. 평생 먹고 물려 줄 재산이 있다."

　벗이여, 행여 이렇게 자만하지 마세요. 믿음 속에 뿌리 박지 아니한 재산은 실로 재산이 아닙니다. 한 바탕 바람이 몰아치면, 허무밖에 남는 것이 없습니다.

　벗이여, 저 김진기 부인을 보세요. 하루 아침에 부도 내고 집 날리고, 거리에 나 앉는 것이 어찌 남의 일이겠습니까?

　그래서 선사(先師)께서 이렇게 경고하십니다.

> "백 년 동안 아끼던 재산
> 하루 아침의 티끌이요
> 사흘이라도 수행한 마음은 천 년의 보배일세
> 〔百年貪物 一朝塵 三日修心 千載寶〕."
> 　　　　　　　　　　　－야운(野雲), 자경문(自警文)－

10 "사흘이라도 수행한 마음은 천 년의 보배일세."

　벗이여, 이 말씀 듣고 우리 정신 차릴 것입니다. 저 윤화자 부인처럼 믿음을 갖고, 불자의 자리로 돌아갈 것입니다. 저 장자 아들처럼, 당당하게 보배 창고의 열쇠를 받을 것입니다. 그러기 위해서 먼저 우리는 우리의 마음을 믿음으로 닦을 것입니다.

　일 년에 몇 번 절에 나가는 것으로 불자 자리에 섰다고 말할 수 없습니다. 그런 상투적이고 관습적인 신앙은 이제 부수어 버려야 합니다. 맨몸으로 매달려야 합니다. 부처님 품 속으로 내 전신을 던져 부딪쳐야 합니다. 끊임없이 염불하고, 경(經)을 베껴 쓰고, 명상하고, 교리 공부 열심히 하고, 자식들 법회에 데리고 나가

---

[3] "믿음이야 말로 진실로 사람의 좋은 반려〔길동무〕이며, 이 세상 여로의 양식이며, 더 없는 재산이니라."　　　　　　　　　　『상응부경 1』

고 어디에서든 불법(佛法)을 전하고······.
 "나는 불자다. 나는 부처님의 외딸·외아들이다."
 무엇보다 이렇게 단호하게 선언할 것입니다. 언제 어디서나 이렇게 선언할 것입니다. 이 순간에 부처님의 풍성한 은혜는 비처럼 쏟아져 나와 우리 형제들 위에 부어집니다.

회향발원(나는 복된 불자입니다)

 자비하신 부처님.
 이제사 저희들은 부처님의 은혜가 어떤 것인가를 비로소 깨달았습니다. 그것은 한갓 관념이나 이론이 아니라 저희 삶의 구석구석을 풍성히 채우고 넘치게 하는 현실적인 힘이며 생의 원동력임을 깨달았습니다.
 '비처럼 부어지는 풍성한 은혜.'
 항상 함께 하시는 자비하신 부처님.
 이제 저희들은 거리로 나서서 큰 소리로 외칩니다.
 "나는 불자다. 우리는 부처님 은혜 속의 복된 불자다."
 －석가모니불 정근－

찬불가 님의 숨결

내용익힘

1. 다음 문장을 완성해 봅니다.
   ① 마치 (   )이 울려 퍼지고 (   )이 치며 (   )가 퍼부어 넘치는 물이 높은 지대이건 낮은 지대이건 (   ) 만들듯이, 세상의 어떤 분은 그와 같다.
   ② 나는 (   )가 아닙니다. 당신은 메마른 땅에 버려진 외로운

제2장 종인가? 주인인가?   59

   (   )이 아닙니다. 부처님께서는 이 대지 위에 한량없는
   (   )의 비, (   )의 비를 내리십니다. 나와 당신의 생명 위에
   풍성한 (   )를 (   )처럼 내리십니다.
   ③ 나는 이 자비를 (   )쓰고 있습니다. 우리는 이 (   )를 오늘
   하루 양껏 마시며 살아가고 있습니다. 이것이 우리 삶의 (   )
   입니다.
2. 다음 물음에 간결하게 답합니다.
   ④ 부처님 은혜는 어떤 모습으로 다가오는가?

   ⑤ 부처님의 진리, 부처님의 은혜는 어떤 특성을 지니고 있는가?

   ⑥ 우리들의 고통과 가난은 어떻게 시작되는가?

교리탐구 여래의 공덕은 어떤 힘을 갖고 있는가?

실천수행 아침, 점심, 저녁으로 식사할 때마다 고요히 합장하고 부처님 은혜를 생각하면서 "부처님, 감사하게 먹겠습니다." "부처님, 감사하게 먹었습니다." 이렇게 공양기도를 올린다.

5과 • 은혜 속의 주인들

"아난다야, 너희는 너희 자신을 등불 삼고 진리를 등불 삼아라. 그 밖의 무엇도 등불 삼지 말아라. 너희는 너희 자신을 의지처로 삼고 진리를 의지처로 삼아라. 그 밖의 무엇도 등불 삼지 말아라. 너희는 너희 자신을 의지처로 삼고 진리를 의지처로 삼아라. 그밖의 무엇도 의지처로 삼지 말라."

―마하파리닙바나―

탐구과제
- 풍성한 은혜 속에서 행, 불행, 성공, 실패의 개인차는 어떻게 생겨나는가를 관찰합니다.
- 우리는 왜 '은혜 속의 주인'인가를 깨닫습니다.
- 불자의 기도, 주인된 우리들의 기도는 어떻게 시작되는가를 깨닫고 스스로 착수합니다.

그래, 나는 주인이지

11 "부처님은 자부(慈父), 나는 불자. 그런데 어찌하여 내 삶은 이렇게 초라한가? 뜻대로 되지 않는가?"

무의미한 일상의 반복에 쫓기면서 나는 문득 이렇게 회의하고 있습니다.

"우리가 모두 비처럼 부어지는 풍성한 은혜 속에 살고 있는데, 우리가 모두 무한 권능의 상속자인데 병든 자, 실패하는 자, 고뇌하는 자는 대체 왜 생겨나는가? 부처님은 왜 나를 못 본 체하시는가?"

천차만별(千差萬別)하는 이 아픈 생존의 현실을 목격하면서 당

제2장 종인가? 주인인가?   61

신은 때때로 이렇게 의심하고 있습니다.
 이때 저 깊은 곳으로부터 님의 목소리가 울려옵니다.

 "불자야, 그대는 종인가? 주인인가? 대체 그대 인생의 주인은 누구인가? 부처인가? 신(神)인가? 아버지인가? 어머니인가? 내가 이미 너희에게 풍성한 금은보화를 창고 그대로 넘겨 주지 않았느냐? 오늘부터 너희가 주인이라고 선포하지 않았느냐? 지금 다시 누구를 원망하려 하느냐? 불자야, 그대가 바로 은혜 속의 주인인 줄 이제 깨닫지 못하겠느냐?"

은혜 속의 주인

12 이 한마디에 나는 문득 오랜 잠에서 깨어납니다.
 "그래, 그렇지! 나는 주인이지. 이미 우리는 스스로 주인이지. 그 누구도 우리 인생을 대신 살 수 없는 것, 그 누구도 우리를 지배할 수 없는 것, 우리는 스스로 우리 인생의 주인이지. 성공도 실패도 우리 자신의 것이지."
 그래서 붓다 석가모니께서는 마지막 입멸의 행진에서 부처님의 돌아가심을 슬퍼하며 매달리는 아난다에게 이렇게 말씀하고 계십니다.

 "아난다야, 나는 그대들에게 베풀 것을 이미 다 베풀었고 가르칠 것을 이미 다 가르쳤다. 다시 내게 무엇을 더 기대하는가?
 아난다야, 너희는 너희 자신을 등불 삼고 진리를 등불 삼아라. 그 밖의 무엇도 등불 삼지 말아라. 너희는 너희 자신을 의지처로 삼고 진리를 의지처로 삼으라. 그 밖의 무엇도 의지처로 삼지 말

아라.[1]　　　　　　　　　　　　　　　　　　　　－마하파리닙바나－

13 "마치 뇌성이 울려 퍼지고 천둥이 치며 비가 퍼부어 넘치는 물이 높은 지대이건 낮은 지대이건 윤택하게 만들듯이."

"짙은 구름이 가득히 퍼져 삼천대천세계를 가득 덮고 일시에 큰 비가 고루 내려 적심이 두루 흡족하면—."

벗이여, 눈을 감고 고요히 한번 바라 보셔요〔觀〕. 삼천대천 세계, 온 누리, 온 우주 넘어서 가득히 내리는 자비의 비, 하늘과 땅과 산과 내와 골짜기에 골고루 내리는 생명의 비, 높은 지대이건 낮은 지대이건 한결같이 윤택하게 내리는 은혜의 비, 신과 사람, 흰둥이와 검둥이, 사슴과 진달래, 단풍나무와 떡갈나무, 천지만물 삼라만상을 하나하나 풍성히 적셔주는 감로(甘露)의 비—.

부처님의 자비는 이와 같습니다. 부처님의 자비는 실로 이와 같이 무한 평등합니다. 어떤 차별도 작용하지 않습니다. 어떤 징벌도 작용하지 않습니다. 그래서 대자대비(大慈大悲), 크나큰 사랑입니다. 크다는 것은 아무 차별도 작용하지 않는다는 뜻입니다. 낱낱 생명들에게 평등히 작용한다는 뜻입니다.

14 "하늘 가득히 내리는 풍성한 은혜.
　　일체 생명을 고루 적시는 평등한 자비."

그러나 이 은혜로운 생명수를 받아들여 저마다 인생을 살아가는 것은 나 자신, 당신 자신이라는 엄연한 사실을 우리는 결코 외면할 수 없습니다. 자식을 사랑하고 염려하는 부모님의 심정은 저 비처럼 끝없고 평등한 것이지만, 자녀의 고통을 대신 받고 어린 자녀 대신 죽고 싶은 것이 부모님의 사랑이지만, 그러나 저 부모

---

1) 이것이 '자등명(自燈明) 법등명(法燈明)'의 설법이다.

님도 우리 인생을 대신 살아줄 수 없는 것이 엄연한 삶의 도리인 것을 우리는 결코 외면할 수 없습니다.

부처님도 저 부모님과 같습니다. 부처님은 우리의 고통을 대신 받고 우리를 대신하여 죽을 심정이시지만, 부처님의 자비는 이토록 크고 무한한 것이지만, 부처님께서 내 인생을 대신 살아줄 수는 없는 것입니다.

왜? 무슨 까닭인가?

생명은 스스로 주인이기 때문입니다.

생명은 스스로 자유이기 때문입니다.

그런 까닭에 나는 주인입니다. 당신은 주인입니다.

우리는 은혜 속의 주인입니다.

이제 우리는 다시 한번 '자등명(自燈明) 법등명(法燈明)'의 사자후를 경청합니다.

"너희는 너희 자신을 등불 삼고 진리를 등불 삼아라. 그 밖의 무엇도 등불 삼지 말라."

당신 그릇은 얼마나 큰가

15 본질적으로 문제는 나 자신에게 있음을 이제사 깨닫습니다. 무한히 풍성하고 평등한 부처님 은혜의 대지 위에 깊이 뿌리 내리고, 나는 내 인생의 존엄한 주인으로 서서, 내 자신의 성질과 용량에 따라, 내 자신의 근기(根機)에 따라서 은혜의 비, 은혜의 물을 받아 쓰면서 내 인생을 창조해 가고 있습니다.

근기가 무엇인가?

곧 바탕입니다. 저마다 갖고 있는 자기 그릇입니다.

나의 개성, 태도, 잠재능력이라고도 할 수 있습니다. 잘 살고 못 살고, 건강하고 병들고, 성공하고 실패하고… 이 모든 차이는 근기의 차이에서 생겨나는 것입니다. 그릇의 차이에서 생겨나는 것입니다. 우리는 저마다 우리 자신의 그릇 크기만큼 은혜의 비를 받아 쓰고 살아갑니다. 그래서 의상 대사(義湘大師)는 '법성게(法性偈)'에서 "보배 비가 하늘 가득 중생을 이익케 하는데, 중생들은 저마다 제 그릇 따라 이익을 얻고 있네."라고[1] 노래한 것입니다.

16 부처님의 생명수가 아무리 평등하게 부어진다 할지라도 받아들이는 우리 자신이 이를 거부하거나 나쁜 성질, 깨진 그릇이라면 아무 쓸모가 없지 않겠습니까? 팔당 수원지에 맑고 깨끗한 물이 가득차 넘칠지라도 내가 수도꼭지를 잠그고 있으면 어찌 되겠습니까? 이렇게 해서 인생의 격차가 생겨나고 행, 불행의 차이가 생겨납니다.

우리는 다시 영산회상의 법문을 경청합니다.

"한 구름에서 내리는 비가, 그들(중생)의 종류와 성질을 따라서 자라고 크며 꽃이 피고 열매를 맺게 하느니, 비록 한 땅 위에서 나는 것이며, 한 비로 적시는 것이지마는, 여러 가지 풀과 나무가 저마다 차별이 있느니라."

—법화경 약초유품—

17 '그들의 종류와 성질을 따라서—'

그렇습니다. 문제는 나 자신의 인간됨과 성질입니다.

병들고 실패하고 불화하고 고뇌하는 것은 무한한 은혜의 생명수를 선용하지 못하는 우리 자신의 마음과 성질과 생활방식 때문입니다.

그래서 윤화자 부인은 이렇게 고백하고 있습니다.

---

1) '雨寶益生滿虛空 衆生隨器得資糧'(義湘大師—法性偈 中에서)

"그러면서 스스로 발병한 원인을 분석해 보았습니다. 서로 다른 환경에서 만난 우리 부부는 매사에 성격차이로 괴로웠습니다. 거사님보다는 제 자신이 거사님을 미워하고 원망하고 괴로워했습니다. 그런 가운데 저는 매사에 자신감도 없었고 의욕도 없었습니다. 심지어는 한 많은 세상 빨리 끝내버렸으면 좋겠다는 생각을 하기도 했습니다.…… 남보기에는 사이좋은 부부지만 남편은 내가 괴로워하며 당신을 미워하는 것을 몰랐고 저는 항상 남편을 미워하고 원망하며 육신을 병들게 했습니다.……"

18 '항상 남편을 미워하고 원망하며 육신을 병들게 하고…'
 벗이여, 당신은 지금 어떻습니까? 당신의 성질은 어떻습니까? 누구를 미워하지 않습니까? 누구를 욕하고 헐뜯으며 원망하고 있지 않습니까? 혼자 다 차지하려고 욕심내고 싸우고 있지 않습니까? 자신의 쾌락을 위하여 남을 괴롭히며 연약한 생명을 해치고 있지 않습니까? 일시적 욕정을 이기지 못하여 순결을 버리고 음란한 짓을 하고 있지 않습니까?
 한때의 어려움을 모면하기 위하여 거짓말하고 있지 않습니까? 술에 빠지고 노름에 빠지고 나쁜 놀이에 빠져 있지 않습니까?
 벗이여, 그러면서 당신은 행복을 염원합니까? 건강을 바랍니까? 명예와 성공을 희망합니까? 마음의 평화, 가정의 화목을 기대합니까? 사회의 안정, 나라의 번영을 주장합니까?
 벗이여, 당신의 그릇은 얼마나 큽니까? 얼마나 깨끗합니까? 마음의 눈으로 찬찬히 한번 자신을 바라보세요〔觀〕.

주인의 기도는

19 이제 우리가 할 일은 무엇인가? 은혜 속의 주인으로서 내가 제일 먼저 착수할 일은 무엇인가?

곧 기도하는 것입니다. 불보살님 앞에 나아가 무릎꿇고 엎드려 두 손 모으고 기도하는 것입니다. 저 윤화자 부인같이 법회에 나아가 정성을 다하여 기도하는 것, 이것이 지금 우리가 할 일입니다.

저 부인은 이렇게 기도하고 있습니다.

"그후 저는 수술보다는 바라밀 수행을 열심히 하기로 작정하고 불광에서의 50일 기도정진, 한마음 선원에서 한 마음 돌리기, 구룡사의 3000배 철야정진 등을 했습니다. 또한 유명한 사찰보궁을 참배하면서 혼신의 힘을 기울여 일심으로 저의 업을 참회하며 부처님께 바른 예를 올렸습니다. ······여든이 다 되신 친정어머님께서는 딸에게 좋다는 약을 다 해주시며 집안 식구 모두가 하나같이 저를 아껴주시고 사랑해 주셨습니다. 저는 그 은혜에 보답하는 길은 부처님을 확실히 믿고 주위 분들을 모두 부처님으로 모시고 걸림없는 생활을 하는 것이라 생각하였습니다.

전법으로 바른 믿음과 최상의 보은을 삼고, 저의 집안 형제 모두에게 부처님 말씀 전하는 것으로 생활했으며···."

20 "기도하라,

부처님 앞에 나아가 무릎꿇고 기도하라."

이렇게 말하면 의심할 친구들이 많을 테지요.

"기도는 복을 비는 것인데, 우리가 주인인데 어떻게 빌 수 있겠는가? 그렇다면 불교도 다른 종교와 다름없는 한갓 기복신앙에 불과하지 않은가?"

21 벗이여, 그런 것이 아닙니다. 우리의 기도는 비는 것이 아닙니다. 부처님의 자비를 구걸하는 타력신앙(他力信仰)이 아닙니다. 남의 힘에 의지해서 자신의 문제를 해결하려는 구차한 몸짓이 아닙니다.

무엇인가? 불자의 기도는 대체 무엇인가?

곧 스스로 물줄기를 트는 것입니다. 막힌 물줄기를 터서 비처럼 부어지는 은혜로운 생명수를 스스로 받아들이는 적극적인 개척의 염원입니다. 원망과 미움과 갈등의 찌꺼기들로 꽉 메워놓은 물줄기를 깨끗이 청소함으로써 부처님의 무한 생명과 나 자신의 생명을 하나로 터놓는 것이며 콸콸 쏟아져 들어오는 생명수를 선용하여 나 자신을 치유하고 가정을 치유하고 민족과 인류를 치유하려는 자비의 염원이 곧 기도의 본질입니다.

그래서 우리 불자들은 '기도'란 말과 더불어, '발원(發願)' '서원(誓願)'이란 말을 쓰는 것을 좋아합니다. 발원이란 곧 나와 이 세상을 치유하기 위하여 구체적으로 무엇인가를 실천하겠다는 염원을 일으키는 것이고, 서원이란 이러한 발원을 목숨바쳐 반드시 실현해 내겠다는 단호한 맹세입니다.

22 붓다 석가모니께서는 최초에 수행을 결심하면서 다음과 같은 네 가지 서원을 세웠습니다.

"이 세상의 중생이 가없을지라도 맹세코 다 건지리이다〔衆生無邊 誓願度〕.

내 번뇌가 다함이 없을지라도 맹세코 다 끊으오리이다〔煩惱無盡 誓願斷〕.

진리의 세계가 한량없을지라도 맹세코 다 배우오리다〔法門無量 誓願學〕.

부처의 길이 위(끝)없을지라도 맹세코 다 이루오리이다〔佛道無

上 誓願成]."

23 이 네 가지 큰 서원이 곧 사홍서원(四弘誓願)입니다. 우리가 법회를 마칠 때마다 이 사홍서원을 노래하는 것은 우리도 부처님같이 이 네 가지 큰 서원을 반드시 실천하겠노라고 다짐하는 것입니다.

이것이 곧 기도입니다. 이것이 곧 불자의 기도, 주인의 기도입니다. "부처님, 살려주십시오, 복을 주십시오."하고 매달리는 것이 아니라, "부처님, 제가 이렇게 실천하겠습니다. 목숨바쳐 이웃형제를 구제하기 위해 열심히 노력하겠습니다."라고 다짐하는 것입니다.[1]

이렇게 기도할 때, 막힌 물줄기가 확 트이며 은혜로운 생명의 감로수(甘露水)가 콸콸 쏟아져 들어옵니다. 감로수는 곧 불사(不死)의 생명수입니다. 이 생명수를 마심으로써 저 윤 보살같이 죽음에서 회생하고 가족과 이웃과 민족과 인류가 멸망에서 구원됩니다.

이것이 바로 기도성취의 신비한 이치입니다.

24 벗이여, 이제 당신의 기도는 무엇으로써 시작하려합니까? 저 윤화자 부인같이 이웃에게 부처님의 진리를 전파하는 전법기도로 시작하렵니까? 치악산 소쩍새 마을의 털보 스님같이 버려진 생명을 돌보는 방생기도로 시작하렵니까? 병원에 가서 외로운 환자들의 친구가 되어주는 간병기도로 시작하렵니까? 헌혈기도로 시작하렵니까?

벗이여, 당신의 기도 말은 무엇으로 시작됩니까?

---

1) 졸고, '무소의 뿔처럼「佛光」1988 p.83

회향발원(저희 자신을 등불삼고)

　자비하신 부처님.
　이제 저희는 저희 자신을 등불 삼고 부처님의 법을 등불 삼겠습니다. 저희 자신을 의지처로 삼으며 부처님의 법을 의지처로 삼겠습니다. 나 밖의 무엇에 매달려 복을 구걸하는 비루한 종의 자리를 털고 일어나 의로운 주인으로 굳건히 서겠습니다. 무한 평등한 부처님의 은혜로운 생명수를 선용하여 나 자신을 치유하고 가족과 이웃과 이 민족을 치유하겠습니다.
　항상 함께하시는 자비하신 부처님.
　원망과 성냄으로 막힌 물줄기를 저희들의 기도로 뚫겠습니다.
　　　　　　　　　　　　　　　　　　　　　　－석가모니불 정근－

찬불가　은혜 속의 주인들

내용익힘

1. 다음 문장을 완성해 봅니다.
　① 아난다야, 너희는 너희 자신을 (　　) 삼고 진리를 (　　) 삼아라. 그 밖의 무엇도 (　　) 삼지 말라. 너희는 너희 자신을 (　　)로 삼고 진리를 (　　)로 삼아라. 그 밖의 무엇도 (　　)로 삼지말라.
　② 무한히 풍성하고 평등한 (　　)의 대지 위에 깊이 (　　)내리고, 나는 내 인생의 존엄한 (　　)으로 서서, 내 자신의 (　　)과 (　　)에 따라, 내 자신의 (　　)에 따라서 은혜의 비, 은혜의 물을 받아쓰면서 내 (　　)을 창조해 가고 있습니다.
　③ 불자의 기도는 (　　)를 트는 것입니다. 막힌 (　　)를 터서 비처럼 부어지는 은혜로운 (　　)를 스스로 받아들이는 적극적인 (　　)의 염원입니다.
2. 다음 물음에 간결하게 답합니다.

④ 평등한 은혜 속에서 행·불행, 성공과 실패의 개인차는 왜 생기는가?

⑤ 은혜 속의 주인은 어떻게 살아가는가?

⑥ 불자의 기도는 어떻게 시작되어야 하는가?

교리탐구 '자등명(自燈明) 법등명(法燈明)의 진실'이 어떤 의미인가?

실천수행 나의 기도는 무엇으로써 시작할 것인가를 결정하고 대중앞에서 발표하고 묵묵히 실천해 갑니다.

제2장 종인가? 주인인가? 71

6과 • 이제 전법하러 떠나가라

"수행자들아, 나는 신(神)의 밧줄, 사람의 밧줄로부터 벗어났다. 그대들도 신의 밧줄, 사람의 밧줄로부터 벗어났다.
  수행자들아, 자— 이제 전법하러 떠나가라. 많은 사람들의 이익과 행복을 위하여. 많은 사람들과 신들의 이익과 행복과 안락을 위하여. 그리고 두 사람이 같은 길로 가지 말라."

—잡아함경—

탐구과제
- 운명론·신(神)의 예정론·우연론 등의 내용과 모순점, 그것이 인간에게 끼친 영향 등을 정확히 판단합니다.
- 우리 운명, 우리 인생을 개척해 가는 진정한 힘이 무엇인가를 깨닫습니다.
- 가장 먼저 할 수 있는 전법행이 무엇인가를 생각하고 실천합니다.

세 갈래 어둔 생각

25 행복과 불행, 성공과 실패 등 인생과 세상 일을 앞에 놓고 인간들은 옛부터 여러 갈래 생각과 견해를 지녀왔습니다. 소위 인생관의 문제이지요. 사람들은 저마다 천차만별의 인생관을 짊어지고 그것에 묶여 살아가고 있거니와, 크게 다음 세 갈래로 정리해 볼 수 있을 것입니다.[1]
  첫째는 숙명론(宿命論, 宿作說)입니다. 인간의 운명은 숙명적으

---
1) 김동화,『원시불교사상』보련각, p. 122

로 이미 정해져 있다는 것입니다. 인간은 아무리 발버둥쳐도 별 수 없이 운명, 숙명의 지배를 받게 된다는 것이지요.

둘째는 예정설(豫定說, 尊祐論)입니다. 신, 절대자가 인간의 운명을 심판하고 결정한다는 것입니다. 인간의 행복과 불행, 나라의 흥망은 이미 신의 뜻으로 예정되어 있기 때문에, 인간은 오로지 신의 선처를 기다리면서 신의 뜻대로 살아가야 한다는 것이지요.

셋째는 우연론(偶然論, 無因無果說)입니다. 인간사나 세상사는 모두 우연히 생겨난다는 것입니다. 어떤 원인도 없고 법칙도 없으며, 재수 좋으면 잘 되고 재수 없으면 망한다는 것이지요.

26 '인간의 운명은 이미 결정되어 있다.'

벗이여, 어떻습니까? 이 주장에 동의할 수 있겠습니까?

그렇다면 내가 열심히 하고 착하게 살려고 노력할 까닭이 없지 않습니까? 가만히 있어도 운명대로 되어질 것 아닙니까? 운명 예언가[점쟁이]를 찾아가거나 타고난 운명을 한탄할 밖에 내가 스스로 할 수 있는 일이 뭐가 있겠습니까?

27 '인간의 운명은 신의 뜻으로 이미 예정되어 있다.'

벗이여, 어떻습니까? 이 주장에 동의할 수 있습니까?

그렇다면 내가 도둑질하고 사람을 죽이는 것도 신의 뜻입니까? 나는 다만 신의 심판이 두려워서 행동하는 '두려워 떠는 죄인'에 불과한 것입니까? "신은 인간에게 자유의지(自由意志)를 주었기 때문에 인간은 자유롭게 행동할 수 있다."라고 그들은 주장합니다. 그러나 우리는 묻고 있습니다. "종에게도 진정한 자유가 있는가? 죄인의 자유도 자유인가?" 두려워 떨거나 무릎꿇고 빌거나, 그 밖에 우리가 할 수 있는 일이 또 무엇입니까?

28 '모든 것은 우연일 뿐이다. 원인도 없고 도리도 없다.'

벗이여, 어떻습니까? 이 주장에 동의할 수 있습니까? 그렇다면 실력을 쌓으려고 노력하고 선하게 살려고 고뇌할 까닭이 없지 않습니까? 인간의 의지와 노력은 아무 가치가 없는 것이지요. '될 대로 되라'하고 막 놀아나거나 복권뽑는 것 말고, 우리가 할 수 있는 일이 무엇이 있습니까?

이런 인생관은 한결같이 진정한 의미의 자유와 책임, 의지와 노력을 결여하고 있습니다.

붓다 석가모니께서는 이렇게 한탄하고 계십니다.

"그렇다면 살생해도 마땅할 것이고 훔쳐도 마땅할 것이고 깨끗치 못한 행실을 저질러도 마땅할 것이요, ……욕심쟁이가 될 것이고 성 잘 내는 자가 될 것이고 삿된 소견을 지닌 자가 될 것이다. '이것은 해야 할 것이다.' '이것은 하지 말아야 할 것이다.'라는 의욕도 없고 힘써 노력하는 정진도 없을 것이다." —아함경—

자작자수(自作自受)하라

29 "운명이야.
　신의 뜻이야.
　될 대로 되는 거야."

이러한 견해들은 한결같이 무지(無知)의 산물입니다. 인간의 능력과 지성을 거의 알지 못했던 원시시대의 생각이거나, 절대적 권력을 휘두르는 고대 전제 군주시대의 사고방식입니다.

'전지전능한 신과 죄인으로서의 인간'은 전제 군주 앞에 두려워 떨며 살아야만 했던 인민들의 그림자가 투영된 어둔 사고방식입니다.

불교는 이러한 원시적 무지와 전제군주적 횡포의 어둠을 뚫고 광명이 찬란한 새 시대, 인간의 시대를 열었습니다. 인간을 운명의 밧줄과 신의 밧줄, 횡포한 사람들의 전제적 지배체제의 밧줄로부터 해방시켜 인간 스스로 제 인생의 주인 되도록 일으켜 세웠습니다. 나와 당신이 스스로 주인으로 나서도록 문을 열었습니다.

그래서 붓다 석가모니께서 바라나시 사슴동산에서 최초의 공동체를 향하여 이렇게 선포하십니다.

"나는 이제 신의 밧줄, 사람의 밧줄로부터 벗어났다. 그대들도 신의 밧줄, 사람의 밧줄로부터 벗어났다.

수행자들아, 이제 법을 전파하러 떠나가라. 많은 사람들의 이익과 행복을 위하여. 신과 인간의 이익과 행복과 안락을 위하여."

―잡아함경 p. 3~16/밧줄―

30 나는 이제 주인입니다. 당신은 이제 주인입니다. 우리는 이제 은혜 속의 주인입니다. 은혜는 평등한 자비입니다. 어떤 차별이나 심판, 징벌도 없습니다. 외딸, 외아들을 생각하는 어머니의 마음같이 잘난 이와 못난 이, 부자와 빈자, 학력 높은 이와 낮은 이, 선한 이와 악한 이, 검둥이와 흰둥이, 노랭이와 파랭이, 한민족과 일본민족, 자본주의자와 공산주의자, 불교인과 기독교인, 믿는 이와 믿지 않는 이, 따르는 이와 반대하는 이······ 일체 생명 위에 골고루, 풍성히 부어지고 있습니다.

우리는 이 풍성한 은혜의 생명수를 우리 그릇만큼, 스스로 닦은 만큼, 스스로 지은 만큼 받아 쓰면서 오늘 하루의 삶을 우리 자신의 의지와 책임으로 살아가고 있습니다.

한평생의 삶을 우리 자신의 선택과 노력으로 창출해가고 있습니다. 성공도 실패도 나 자신의 것입니다. 행복도 불행도 나 자신의 것입니다. 그런 까닭에 성공과 더불어 실패도 소중히 여깁니다. 행복과 더불어 불행도 가치있게 받아들이고 감사히 여깁니다.

이 크나큰 긍정, 이 크나큰 감사야말로 참된 행복과 이익과 건강을 만들어내는 생명의 도리입니다. 이 엄연한 도리를 외면하고 남을 원망하고 스스로 불평속에서 헤맬 때 우리는 불행의 골짜기로 떨어집니다. 건강을 잃고 재산을 잃고 가족을 잃고 탄식합니다.

불법을 만나 이 생명의 도리를 깨달은 저 부인은 이렇게 고백하고 있습니다.

"모든 것은 나로 인해 생산되고 벌어지는 것이었습니다. 모든 문제의 해결사는 자신밖에 없습니다.

내가 지은 것은 내가 거두어야 하고 내가 일으킨 것은 내가 녹이고 내가 주인공을 믿으면서 일심으로 기도하고 나를 비우는 과정에서 내 몸은 낫게 되는 것입니다."

31 '모든 것은 나로 인해 생산되고
내가 지은 것은 내가 거두어야 하고.'

옳습니다. 이것이 자작자수(自作自受)의 도리입니다.

내 스스로 지어서[自作] 내 스스로 받는[自受] 삶의 법칙입니다. 우리가 은혜 속의 주인으로서 부처님의 평등하고 풍성한 은혜의 생명수를 마시면서 저마다 천차만별의 인생을 살아가고 있는 것은 바로 이 자작자수의 도리 때문입니다. 성공하고 실패하고, 건강하고 병들고, 화목하고 불화하고, 번영하고 쇠망하고……이 모든 흥망성쇠의 기로는 실로 이 자작자수의 도리가 드러나는 것입니다.

32 '자작자수(自作自受),
스스로 지어서 스스로 거두어라.'

그런 까닭에 이제 나는 스스로 열심히 노력하지 않으면 안 됩니다. 성공과 건강과 화평, 우리가 그토록 갈망하는 행복을 위하여 나 스스로 열심히 일하지 않으면 안 됩니다. 작복(作福), 복을 짓지 않으면 안 됩니다.

부처님께서 분부하십니다.

"수행자들아, 그러므로 복을 짓기 위하여 게을리 하지 말라."
―증일아함경4 호심품―

33 행복을 위하여 열심히 노력하고 땀흘리며 끈기있게 지어가는 것을 우리는 '공덕을 짓는다.'라고 일컫습니다. '공들여 힘을 길러간다.'라는 뜻이지요. '공덕(功德)'이란 곧, '공들여 지어가는 데서 생겨나는 창조적 능력' 이런 뜻입니다.

농부가 피땀 흘려 농사지어서 추수해 놓은 곳간의 곡식, 노동자가 피땀 흘려 일해서 모아놓은 은행통장, 주부가 허리띠 졸라매고 저축해서 마련한 내 집 한 채, 이것이 곧 공덕입니다. 아니, 더 정확하게 말하면 곡식과 은행통장과 집 한 채를 만들어낼 수 있는 그 고귀한 능력이 곧 공덕입니다. 그 성실한 정신력이 곧 공덕입니다. 그 깨끗한 마음이 곧 공덕입니다.

이 세상에서 우리가 믿을 수 있는 것은 이 공덕뿐입니다. 운명도 아니고 신의 힘도 아닙니다. 스스로 피땀 흘리며 쌓아올린 이 공덕, 이 공덕의 힘만이 우리가 갈망하는 인생의 행복을 실현해낼 수 있는 가장 구체적이고 확실한 힘입니다. 이 공덕의 힘은 어떤 인간, 어떤 신도 능히 파괴하지 못합니다. 그래서 "공든 탑이 무너지랴." 하지 않습니까.

붓다 석가모니께서 말씀하십니다.

"마땅히 이렇게 관(觀)하라. 수행자로서 공덕을 갖춘 이는 악마의 왕 파순도 능히 그 틈을 얻어서 공덕을 파괴하지 못하느니라."
―증일아함경4 호심품―

전법고행의 길로 나서라

34 '자작자수(自作自受)하라.
  피땀 흘리며 선한 공덕을 지어라.'
  이것이 우리들의 인생관입니다. 은혜 속의 주인들이 살아가는 삶의 길이며 행복의 길입니다.
  무엇 때문에 이렇게 허덕이며 살아가야 하는가? 무엇 때문에 지겨운 가정살이에 이렇게 허덕이며 매달려야 하는가? 무엇 때문에 돈 몇 푼에 목숨을 걸고 이렇게 허덕이며 발버둥쳐야 하는가? 그래도 죄짓지 않고 착하게 살아가려고 날뛰는 까닭은 무엇인가?
  이제 우리는 그 이유를 알고 있습니다. 그 명백한 까닭을 보고 있습니다.
  무엇인가? 이렇게 허덕이며 그래도 착하게 살아야 할 이유는 무엇인가? 곧 선한 공덕을 쌓기 위함입니다. 선한 공덕을 쌓아서 건강하고 행복한 인생을 실현해 내기 위하여 오늘도 우리는 온갖 회의와 유혹 속에서 그래도 착하게 살아가려고 애쓰고 있습니다.

35 "행복, 건강하고 행복한 인생, 이것이 과연 가능할까? 이 부조리한 세상에서 이런 것이 과연 가능할까?"
  벗이여, 행여 이렇게 의심하지 마셔요. 그것은 가능합니다. 아니, 반드시 실현됩니다. 공든 탑은 절대로 무너지지 않습니다. 한때 무너지는 듯이 보여도 그 순간에도 탑은 한치한치 쌓여져가고 있습니다. 위없는 행복의 결실을 향하여 한치한치 성장해 가고 있습니다.
  붓다 석가모니께서 말씀하십니다.
  "수행자들이여, 만일 어떤 사람이 한 가지를 닦고 실천한다면, 그 사람은 두 가지 이익, 다시 말해서 현세의 이익과 내생의 이익을 얻게 된다. 그 한 가지란 무엇인가? 착한 일에 마음을 기울여 부지런히 노력하는 일이다. 수행자들이여, 이 한 가지 일을 닦고 실천한다면 그 사람은 현세와 내생의 두 가지 이익을 얻을 것이다."

이렇게 세존께서 말씀하시며 그에 관해 다음과 같이 설하신다. "어진 사람들은 공덕을 낳는 행위에 대하여 마음을 기울여 부지런히 노력하는 것을 칭찬해 마지 않는다. 어진 사람들은 마음을 기울여 부지런히 노력하여 두 가지 이득을 얻는다. 현세의 이익과 내생의 이익을 올바로 이해하여 마음에 흔들림이 없는 사람을 어진 사람이라 부른다."

또한 이렇게 세존께서 설하셨다고 나는 들었다.

-이티붓타카(如是語經)[1] 1부 3장/공덕-

36 그 한 가지란 무엇인가?

우리 불자들이 마음을 기울여 공덕을 닦기 위하여 부지런히 노력해야 할 그 한 가지 착한 일이 무엇인가? 우리는 다시 저 바라나시 사슴동산에서 하신 붓다 석가모니의 최초의 분부를 경청하고 있습니다.

"수행자들아, 나는 신의 밧줄, 사람의 밧줄로부터 벗어났다. 그대들도 신의 밧줄, 사람의 밧줄로부터 벗어났다.

수행자들아, 자 이제 전법하러 떠나가라. 많은 사람들의 이익과 행복을 위하여. 많은 사람들과 신들의 이익과 행복과 안락을 위하여. 그리고 두 사람이 같은 길로 가지 말라."   -잡아함경-

37 "자 이제 전법하러 떠나가라."

이것이 우리가 마음을 기울여 부지런히 힘써야 될 한 가지 착한 일입니다. 전도전법이야말로 나와 당신이 제일 먼저 착수해야

---

1) 『기쁨의 언어 진리의 언어』 민족사, 1992.

제2장 종인가? 주인인가?　79

할 공덕행(功德行), 공덕을 닦는 수행입니다.
　무엇 때문인가?
　어둠 속에 묻혀서 스스로 파멸해가는 우리 형제들의 문제가 너무 시급하고 절박하기 때문입니다. 힘써 노력할 생각은 않고 운명을 한탄하고 자학하며 실의에 빠져 무너지는 사람들, 건전한 지성과 판단력을 상실한 채 종말론에 현혹되어 마치 비천한 종처럼 허둥대며 날뛰는 사람들, 두려움도 없이 부끄러움도 없이 탐욕과 쾌락에 몸을 내던지며 술과 섹스와 노름과 마약으로 중독되어 파괴되어가는 사람들. 벗이여, 이 불쌍한 사람들이 누굽니까? 곧 형제들 아닙니까? 부처님의 한 생명뿌리에서 생명되어 나온 한 형제며 동포 아닙니까? 이 위기의 형제들을 외면하고 내가 내 갈 길만 간다면 누가 우리를 착한 사람이라 일컫겠습니까? 그렇게 이기적인 마음과 행동으로 막힌 물줄기를 틀 수 있겠습니까? 물줄기를 막고 앉아서 공덕을 쌓는다고 그것이 공덕이 되겠습니까? 행복해질 수 있겠습니까?
　부처님의 법을 전파하는 것은 남을 위한 일이 아닙니다. 자선(慈善)이 결코 아닙니다. 바로 나 자신을 위한 것이며, 우리 가족, 우리 공동체를 함께 위하며 함께 살리는 길입니다. 그래서 붓다 석가모니께서는 성도후 45년의 전 생애를 전법고행(傳法苦行)의 길로 사셨습니다. 신라의 청년 귀족 박염촉(朴厭觸, 일명 이차돈－異次頓)은 기꺼이 생명을 버렸고, 동국제강의 창설자 장경호(張慶浩) 옹은 평생 번 사재를 모두 헌납하였고, 저 윤화자 부인은 가족 친지들을 부처님께로 이끌고 있습니다.

38 "수행자들아, 자 이제 전법하러 떠나가라."

　벗이여, 이제 당신 차례입니다. 당신이 나설 때입니다. 먼저 당신 가족들부터 이끌어주세요. 가까운 친척, 친구들부터 법회로 이

끌어주세요.

　물론 쉬운 일이 아니지요. 힘들고 어렵고 신경쓰이는 일이지요. 그래서 전법고행(傳法苦行)이라 한 것 아닙니까. 그러나 결심하고 나서면 또 쉬운 일입니다. 한 번 얘기하고 두 번 얘기하고 세 번 얘기하면 반드시 이루어집니다.

　"싫다는 걸 어찌 한담—"

　벗이여, 이렇게 말하지 마셔요. 병들어 죽어가는 사람, 싫어한다고 병원에 데리고 가지 않겠습니까?

　"힘들어서 못하겠어."

　벗이여, 이렇게 물러서지 마셔요. 생명을 바치는데, 전 재산을 바치는데, 스님과 법사님들은 전 생애를 다 바치는데, 이만한 수고를 두려워하겠습니까? 나를 살리고 우리 가족을 살리는 일인데 생명의 물줄기를 트는 일인데 이 일을 어찌 피하겠습니까?

　벗이여, 이제 당신이 나설 때입니다.

회향발원(전법고행으로 나서겠습니다)

　자비하신 부처님.

　저희는 지금까지 거룩한 부처님 진리를 전파하는데 너무 소극적이고 신념이 없었던 것을 인정하고 부끄러워합니다. 한 이웃을 부처님께로 이끄는 것이 그의 인생에 불을 밝히고 내 삶을 아름답게 개척해 가는 최선의 공덕이라는 진실을 이제사 겨우 깨달았습니다.

　항상 함께 하시는 자비하신 부처님.

　저희들 이제 전법행자가 되어, 가장 가까운 곳에서 부터 전법고행을 착수하겠습니다. 저희들의 등불이 되어 주소서.

—석가모니불 정근—

찬불가 감로법을 전하자

내용익힘

1. 다음 문장을 완성해 봅니다.
   ① 수행자들아, 자-(   ) 떠나가라. 많은 사람들의 (   )과
   (   )을 위하여. 많은 사람들과 신들의 (   )과 (   )과
   (   )을 위하여.
   ② 불교는 인간을 (   )의 밧줄과 (   )의 밧줄, 횡포한 (   )의
   밧줄로부터 해방시켜 인간 스스로 제 인생의 (   ) 되도록 일으
   켜 세웠습니다.
   ③ 모든 것은 (   )인해 생산되고 (   ) 지은 것은 (   ) 거두어
   야 하고, 바로 이것이 (   )의 도리입니다. 그런 까닭에 이제 나
   는 스스로 열심히 (   ) 않으면 안 됩니다. 스스로 (   )을 짓
   지 않으면 안 됩니다.
2. 다음 물음에 간결하게 답합니다.
   ④ 신(神)의 예정론은 역사적으로 어떤 상황에서 형성된 사고방식입
   니까?

   ⑤ 불자의 인생관은 기본적으로 어떤 것입니까?

   ⑥ 우리는 무엇을 위하여 전법고행으로 나서는 것입니까?

교리탐구 어떤 행위가 훌륭한 공덕행(功德行)이 되는 것인가?

실천수행 가장 먼저 전법할 벗을 생각하고 구체적인 방법을 세워 실
천한다.

단원정리

● **합송** 나는 불자, 은혜 속의 주인일세

법사 선남 선녀들아, 저 하늘에서 내리는 비를 보고 있습니까?
대중 법사님, 그러합니다. 하늘 가득히 내리는 은혜의 비를 보고, 저 비 속으로 달려나가 흠뻑 맞고 있습니다. 이 비는 부처님께서 뿌리시는 은혜의 비, 은혜로운 감로수, 저희들은 이 감로수, 생명수를 일상으로 쓰면서 오늘 하루 살아가고 있습니다. 한 끼니의 밥, 한 벌의 옷, 우리들 이 아름다운 만남이 모두 이 은혜로운 감로수의 공덕임을 깨닫고 있습니다.
법사 선남 선녀들아, 누가 주인입니까? 그대 인생의 주인은 대체 누구입니까?
대중 법사님, 바로 제가 주인입니다. 바로 우리가 우리 인생의 존귀한 주인들입니다. 은혜의 비는 산하대지에 두루 평등히 내리지만, 우리는 우리 자신의 성질에 따라서, 우리가 지닌 그릇의 크기에 맞게 받아 쓰면서, 저마다 고유한 각자의 인생을 창조해가고 있습니다. 그런 까닭에 우리의 기도는 구걸이 아니라 막힌 물줄기를 트는 것입니다. 원망과 미움과 갈등의 찌꺼기로 우리 스스로가 막아버린 은혜의 물줄기를 터놓는 것입니다.
법사 선남 선녀들아, 이제 어찌할 것입니까? 주인으로서 가장 먼저 착수할 일이 무엇입니까?
대중 법사님, 이제 저희들은 깨닫고 있습니다. 저 거리로 나가 붓다 석가모니의 진리를 전파하는 것이 주인이 해야할 최초의 가장 성스러운 작업임을 깨닫고 있습니다. 자작자수(自作自受)의 주인 도리를 굳게 믿으면서 전법행을 위하여 묵묵히 걸어가는 것이 나와 이 세상을 함께 살려내는 구원의 길임을 깨닫고 있습니다.
다함께 벗이여, 선남 선녀들이여, 어서 이리로 오시오. 비좁고 비루한 종의 자리 박차고 일어나, 여기 광활하고 상쾌한 주인 자리로 올라오시오. 세상의 뭇 신(神)들과 운명론자들은, "이것은 신의 뜻이다." "이것은 정해진 운명이다." "사주 팔자다." 하지만 그것은 낡고 어리석은 유아시대의 사고방식, 이제 당신은 당당한 성인, 성숙자, 실패도 성공도 바로 당신 자신의 것입니다. 그런 까닭에 자애로운 어버이 세존께서 말씀하십니다. "너희는 너희 자신을 등불 삼고 너희 자신을 귀의처로 삼으라. 진리를 등불 삼고 진리를 귀의처로 삼으라. 그 밖의 무엇에도 의지해서는 안 되느니라."

- **창작** 윤화자 보살의 수행기를 입체낭독으로 구성하여 발표합니다.

- **법담**
  1. 주제 : 우리 주변에서 가장 효과적으로 실천할 수 있는 전법행에 관하여
  2. 주요내용 :
     ① 오늘의 상황에서 불교 전법이 잘 안 되는 원인은?
     ② 붓다 석가모니와 그 제자들은 어떻게 전법하였는가?
     ③ 적극적인 전법행을 위하여 우리들의 의식을 어떻게 바꿀 것인가?
     ④ 오늘날 우리 주변에서 실현할 수 있는 효과적인 전법 방법은?
     ⑤ 우리 법회가 구체적으로 실천할 전법계획은?

제3장

내 운명을 어떻게 바꿀 것인가?

"마음이 모든 일의 근본이 된다.
마음이 주(主)가 되어 모든 일을 시키나니
마음 속에 착한 일 생각하면
그 말과 행동도 또한 그러하리.
마치 형체를 따르는 그림자처럼."

―법구경 쌍서품―

제3장 내 운명을 어떻게 바꿀 것인가? 87

 이끄는 말

생각을 바꾸어라!

❶ "내 운명을 바꿀 수는 없는가?"
불안하고 불만족스런 인생을 앞에 놓고 많은 벗들은 이렇게 염원하고 있습니다.
"달라지고 싶다. 정녕 나는 새 인생을 맞이하고 싶다. 새 사람이 되고 싶다."
많은 친구들이 또 이렇게 갈망하고 있습니다.

❷ 3장은「운명 개척의 장」입니다. 운명을 바꾸는 실제적인 방법에 관하여 탐구할 것입니다.
여기에서 우리는 우리 생명의 본질이 무한 찬란한 불성생명, 진리생명인 이치를 깨닫고 이 마음, 이 생각이 하늘·땅, 신(神)·인간, 천지만물을 창출하는 무한한 창조 에너지임을 발견하게 될 것입니다.

❸ 벗이여, 이제 허리를 곧게 펴고 앉아서, 당신의 생각을 하나 하나 관(觀)하세요. 낡은 생각, 어둔 생각 하나 하나 비워버리고 밝은 생각, 불성 마음으로 하나하나 채워가세요.
저기 새 운명이 새벽처럼 열려옵니다.

어느 전기 기사의 경우

　이형복(李亨福) 씨는 20여년 전기회사의 평범한 기사로 일해 왔다. 나이 40이 넘어서도 승진도 못하고 재산도 별로 모으지 못하였다. 가정에서도 그는 훌륭한 가장이 되지 못하였다.
　그는 갈수록 자기 존재를 과소 평가하고, 자기 역량에 대하여 자신을 잃어갔다. 하는 일에 흥미를 가질 수 없었고 그의 일과는 지루하고 무의미한 반복에 불과하였다. 차츰 건강도 나빠져갔고 밤에는 잠을 잘 이루지 못하여 안정제를 찾는 횟수가 늘어갔다. 의사를 찾아 치료를 받았으나, 별로 달라지는 게 없었다.
　이형복 씨는 어느 날 같은 회사 동료의 소개로 광명법회(光明法會)의 법사 스님을 찾아갔다. 그는 스님께 자기 심정을 토로하였다.
　"스님, 저는 정말 못난 인간이랍니다. 나이 40이 넘어서도 아무것도 이뤄놓은 게 없습니다."
　스님은 큰 목소리로 반문하였다.
　"이 선생, 무슨 당찮은 말씀이시오. 선생은 만인이 우러러 보는 광명의 주인이 아니시오."
　"네? 광명의 주인? 제가 말씀입니까?"
　"그렇습니다. 이 선생이 바로 광명의 주인이시오."
　"저같이 초라한 자가 어찌……."
　"이 선생, 선생께서 매일 하시는 일이 무엇입니까?"
　"시간 맞춰 전기 스위치를 넣고 돌보는 일입니다. 매일 되풀이지요."

"바로 그것입니다. 선생께서 하시는 일이 많은 사람들에게 빛을 주는 일 아닙니까. 선생께서 스위치를 넣지 않으면, 또 그것을 돌보지 않으면 많은 사람들이 암흑 속에 빠지게 됩니다. 선생께서는 수십년간 암흑 속에 빛을 밝히는 훌륭한 일을 해 오셨고, 그 공덕은 어느 누가 하는 일보다 더욱 거룩한 것이지요, 이 선생이야말로 문자 그대로 광명의 주인이십니다. 불성(佛性)의 주인이십니다. 이 세상에서 가장 소중한 권능의 주인이신데, 왜 그것을 큰 소리로 자랑하시지 못합니까?"

이 때부터 이 선생의 삶이 조금씩 바뀌기 시작했다. '광명의 주인', 이 한 생각이 그의 모든 일상의 삶을 밝게 비추어 가고 있었다. 그는 자기가 하는 일이 무의미한 노동의 반복이 아니라 이 세상에 광명을 전파하는 창조 작업임을 깨닫게 되고, 그 일에 긍지와 신명을 느끼게 되었다.

"자, 광명의 주인이 이 세상에 빛을 보낸다."

스위치를 넣으면서 그는 이렇게 유쾌한 목소리로 외쳤다.

"자, 광명의 주인이 나간다. 불성(佛性)의 주인, 부처님의 아들이 나간다."

아침마다 집을 나서면서 그는 이렇게 당당하게 외쳤다.

이 선생의 모든 것이 이렇게 해서 밝게 변화하여 갔다. 얼굴에 생기가 돌고, 밥맛이 왕성해지고, 일에 재미가 붙고, 동료들과 농담도 잘 하고……

이제 그는 그 회사의 기술담당 이사로서 없어서는 안 될 존재가 되어 있다.

7과 • 나는 찬란한 불성(佛性)생명

"기이하고 기이하구나! 여래의 온전한 지혜가 그대들 몸 속에 있건만, 어찌하여 보지 못하는가. 내 마땅히 저들 중생을 가르쳐 성스러운 길을 깨달아서, 그들로 하여금 뒤바뀐 망상과 속박을 길이 여의게 하고, 여래의 지혜가 그 몸 속에 있어서 부처와 더불어 다름이 없는 것을 두루 보게 하리라."
— 화엄경 보왕여래성기품 —

탐구과제
- 불성(佛性)이 무엇인가를 분명하게 이해합니다.
- 불성(佛性)사상이 인류사에 끼친 영향이 무엇인가를 깨닫습니다.
- 내가 불성생명의 주인으로서 먼저 할 일이 무엇인가를 생각하고 실천해갑니다.

기이하고 기이하구나

1 "내 생명의 실체는 무엇인가? 영혼인가? 육신인가? 육신이 죽은 다음에 영혼은 남는가?…"

'나(我, 自我)'를 찾는 문제는 실로 끊임없이 우리를 괴롭혀 오고 있습니다.

대개 영혼과 육신, 이 두 울타리 사이를 어지럽게 왕래하면서도 어느 경우이든, 다른 한 쪽에 대한 미련을 버리지 못하고 있습니다. "육신뿐이다. 죽으면 그만이다." 하면서도 내생(來生)을 생각하고 "영혼뿐이다. 육신은 한 때다." 하면서도, 언젠가 육신으로 다시 살아나기를 몽상하고 있습니다. 그래서 호화 묘지를 만드는가 하면, 죽어서 '화장(火葬)하라'고 하면 질겁을 합니다.

2 이 문제에 대해서 부처님께서는 먼저, "나[我]란 것은 없다. 무아(無我)다."라고 강하게 말씀하셨습니다. 이것이 무아사상(無我思想)인데, 그 무아의 깊은 뜻은 차츰 함께 공부해 가겠습니다만, 여기서 '무아다'하신 것은, "육신이니, 영혼이니, 그런 부족한 생각으로서 나라고 주장하지 말라. 나의 본질은 육신도 아니고 영혼도 아니다. 그런 편협한 생각을 버려야 참된 나를 볼 수 있다." 대개 이런 뜻으로 이해하면 좋습니다.

"그럼 무엇인가? 육신도, 영혼도 아니라면, 나의 본질은 무엇인가? 내가 엄연히 존재하는데, 내가 없다니 말이 되는가?"

이렇게 우리가 의심하고 있을 때, 세존께서는 큰 소리로 선포하십니다.

"기이하고 기이하구나!

여래의 온전한 지혜가 그대들 몸 속에 있건만, 어찌하여 보지 못하는가. 내 마땅히 저들 중생을 가르쳐 성스러운 길을 깨달아서, 그들로 하여금 뒤바뀐 망상과 속박을 길이 여의게 하고, 여래의 지혜가 그 몸 속에 있어서 부처와 더불어 다름이 없는 것을 두루 보게 하리라."

―화엄경 보왕여래성기품―

3 "기이하고 기이하구나!

여래의 구족한 지혜가 그대들 몸 속에 있건만, 어찌하여 보지 못하는가."

이것은 실로 굉장한 말씀입니다. 여래의 구족한 지혜, 부처님께서 지니고 계시는 찬란한 지혜가 그대로 내 몸에 있다니, 벗이여, 이것은 얼마나 놀라운 소식입니까.

벗이여, 지금 곧 거울 앞에 앉아, 큰 거울 앞에 앉아 자신을 고요히 관(觀)해 보세요. 당신의 눈을 바라보세요. 거기에 찬란한 지혜의 빛이 보입니까? 당신의 얼굴을 바라보세요. 거기에 지혜의 빛이 느껴집니까? 당신의 가슴 깊이 투시해 보세요. 거기에 지혜의 출렁임이 느껴집니까?

붓다 석가모니께서는 분명히 선포하고 계십니다.

"여래의 지혜가 그 몸 속에 있어서 부처와 더불어 다름이 없는 것을 두루 보게 하리라."

나는 불성, 찬란한 부처 씨앗

4 '여래의 지혜, 우리 몸 속에 있어서 부처님과 조금도 다름이 없는 지혜.'

우리는 이 지혜를 '불성[1]'이라고 일컫습니다.

불성이란 무엇인가?

불성[佛性, Buddhatva]이란 곧 부처의 덕성, 부처의 본성으로 부처님이 본래 지니고 계시는 찬란한 지혜와 자비의 성품, 무한한 지혜와 자비의 마음을 뜻합니다. 그래서 불심(佛心), 부처님 마음이라고도 일컫습니다.

모든 존재들은 저마다 고유한 본성을 지니고 있습니다. 나에게는 개성(個性)이 있고, 사람에게는 인간성(人間性)이 있듯이 부처님에게는 불성이 있는 것이지요. 나는 나의 개성이 있기 때문에 나로서 살아갈 수 있고 인간은 인간성이 있기 때문에 인간으로서의 생명을 발휘할 수 있듯이 부처님은 불성이 있기 때문에 곧 부처님이 되시는 것이지요. 그런 의미에서 불성은 부처님의 생명력이라고 할 수 있고 동시에 부처가 부처될 수 있는 가능성이라고

---

1) 김동화,『불교학개론』보련각, 1980, p. 447

할 수 있습니다.
 그런데 지금 우리 부처님 석가모니께서 이렇게 사자후하십니다.

 "일체 중생들이 한결같이 불성을 지니고 있느니라."
―열반경 사자후보살품―

5 "일체 중생이 불성을 지니고 있다."[2] (―切衆生 悉有佛性―)

 이 말씀 듣고 아마 놀라고 의심하는 친구들이 많을 테지요. '나는 평범한 인간인데 어찌 부처님과 같이 무한히 높고 거룩한 불성을 지녔다고 하는가? 나는 내 인생의 문제도 잘 해결하지 못하고 방황하고 있는데 어찌 내가 부처님과 조금도 다름없는 지혜의 능력을 지녔다고 하는가?'

6 벗이여, 고요히 한번 자기 자신을 관(觀)해 보세요.
 대체 당신은 누구십니까?
 당신의 실체는 무엇입니까?

 "나는 불자(佛子),
 나는 은혜 속의 주인."

 그렇습니다. 당신은 불자입니다. 크나큰 부처님의 생명 뿌리로부터 생명되어 나온 한 송이 꽃이며 열매입니다. 부처님의 씨앗입니다. 꽃·열매·씨앗은 뿌리의 생명력을 그대로 간직하고 있습니다. 뿌리는 꽃·열매·씨앗을 향하여 물과 영양분의 생명수를 끊임없이, 하늘에서 쏟아지는 비처럼 풍성히 부어주고 있습니다. 이

---
 2) 교수불자연합회 편,『불교의 현대적 조명』민족사, 1989, p. 41

생명수를 마시며 꽃이 피고 열매 맺고 씨앗을 만듭니다. 그런 까닭에 뿌리와 꽃은 한 생명입니다. 뿌리와 열매, 씨앗은 한 생명력을 공유하고 있습니다. 뿌리와 씨앗은 더불어 하나입니다.

그런 까닭에 씨앗을 다시 땅에 심으면 움이 트고 뿌리가 내리고 줄기가 뻗고 꽃이 피고 열매 맺고 다시 씨앗을 만듭니다. 씨앗이 곧 나무입니다. 부처님께서 이 도리를 깨우치십니다.

"부처와 중생이 더불어 하나이니
만일 누가 능히 이렇게 안다면
곧 세상의 승리자〔將〕가 되리라."
― 제법무행경 ―

7 불성은 씨앗입니다. 부처님의 무한한 생명력을 온전히 간직한 부처의 씨앗, 불종자(佛種子)입니다. 우리가 불성을 지녔다는 것은 나와 당신의 몸 속에 저 무한 찬란한 부처의 씨앗을 간직하고 있다는 진실을 의미합니다.

내 몸 속의 무한 찬란한 부처의 씨앗.

우리는 이 몸 속의 씨앗을 여래장〔如來藏, Tathāgatagarbha〕이라 일컫고 이러한 사상을 여래장 사상이라고 합니다. 여래장, 곧 진리광명이신 부처님〔如來〕의 무한 청정한 씨앗이 내 몸 속에 감추어져 있다〔藏〕는 이 여래장 사상은 단지 인간에게만 한정된 것이 아닙니다. 동물, 식물, 심지어 산하대지(山河大地) 돌멩이 하나 속에도 불성이 두루 변만해 있다는 것이 여래장 사상, 불성 사상의 참뜻입니다.

그런 까닭에 우리 붓다 석가모니께서 말씀하십니다.

"풀 한 포기일지라도 함부로 밟지 말라."

8 "그대들은 한결같이 불성을 간직하고 있다. 그대들 몸 속에는 무한 찬란한 부처 씨앗이 살아 숨쉬고 있다."

이것은 실로 놀라운 사자후(獅子吼)입니다. 사자의 부르짖음입니다.

"나의 실체는 무엇인가? 영혼인가? 육신인가? 또 다른 그 무엇인가? 나는 죽으면 그만인가? 내생은 정녕 있는가? 없는가? 나의 실체는 대체 있는 것인가? 없는 것인가?"

이 수많은 잡음들이 저 사자후 한 번으로 모두 침묵하고 말았습니다.

이제 부처님께서 말씀하십니다.

"나는, '일체 중생들이 모두 나가 없다'고 말하지 아니 하고, '일체 중생들에게 불성이 있다'고 말하느니, 이 불성이 내가 아니고 무엇이겠는가."
－열반경 사자후보살품－

불성광명으로 새로 태어나다

9 '이 불성이 내가 아니고 무엇이겠는가.'

이것은 실로 찬란한 등불입니다. 붓다 석가모니께서 이 우주만류 앞에 밝히신 찬란한 진리의 등불, 법등(法燈)입니다. 이 등불로 말미암아 우주의 대질서가 근본적으로 바뀌었습니다. 내 인생이 근본으로부터 바뀌었습니다. 이 우주가 깊고 깊은 어둠을 깨치고 나와 일초일목(一草一木), 풀 한 포기, 나무 한 그루, 돌멩이 하나마저 거룩한 생명으로 파동치고 있습니다. 내가 초라한 한갓 무능자(無能者)와 피조물(被造物)의 악몽을 떨치고 일어나 한 덩어리 금강처럼 영롱한 빛을 발하고 있습니다.

새 인생에 눈뜬 저 전기기사 이항복 씨는 이렇게 고백하고 있습니다.

"자, 광명의 주인이 나간다. 불성(佛性)의 주인, 부처님의 아들이 나간다."

10 '광명의 주인, 불성의 주인.'
  그렇습니다. 이제 나는 광명의 주인으로 새로 태어났습니다. 당신은 불성의 주인으로 새로 태어났습니다. 우리는 불성광명의 주인으로 새로 태어났습니다.
  무엇 때문에 광명이라 하는가? 무엇 때문에 불성광명이라 하는가?
  벗이여, 생각해 보세요. 부처님이 누구십니까? 부처님은 무엇으로써 몸을 삼으십니까?

"부처님은 법신.
부처님의 몸은 진리광명."

옳습니다. 부처님은 법신이십니다. 부처님의 생명력은 진리광명이십니다. 불성은 곧 무한 찬란한 진리광명입니다. 그런 까닭에 내 생명 또한 무한 찬란한 진리광명입니다. 나는 무한 찬란한 진리광명의 주인입니다. 당신은 무한 찬란한 진리광명의 주인입니다.

11 '나는 불성의 주인.
  우리는 무한 찬란한 불성광명의 주인.'
  이것은 한갓 이상적인 이론이 아닙니다. 추상적인 진리가 아닙니다, 지금 여기서 나와 당신을 근원적으로 바꿔놓는 현실적인 힘입니다.
  여기 한 수행자 수니타 장로의 고백을 들어 보십시오.

"나는 천한 집안에 태어나 가난해서 먹을 것이 궁핍했습니다. 가문이 비천하여 시든 꽃을 청소하는 사람이었습니다.

사람들은 나를 혐오하고 경멸하며 꾸짖었습니다. 나는 마음을 다소곳이 하여 많은 사람들을 공경했습니다.

그때, 온전히 깨달음을 얻은 분, 위대하고 당당한 분께서 한 무리의 수행자들에게 둘러싸여 마가다 국에 오신 것을 나는 보았습니다.

나는 멜대를 내던지고 스승님께 예배드리기 위해 기꺼이 다가갔습니다. 최상의 어른이신 붓다 석가모니께서는 나를 어여삐 여기시어 그 자리에 멈추셨습니다.

그때 나는 스승의 발에 예배를 드리고 한쪽에 서서, 최상의 어른이신 붓다께 "출가시켜 주십시오?" 라고 간청했습니다.

그러자 자비심이 깊으시어 온 세상을 사랑하시는 분께서,
"오라, 수행자여."라고 제게 말씀하셨습니다. 이로써 나는 수계식(受戒式)을 마쳤습니다.

그 뒤, 나는 홀로 숲속에 살며 승자(勝者)께서 말씀하신 대로 부지런히 그 가르침을 실천하였습니다.

초저녁에 나는 전생을 깨쳤습니다. 한밤이 되어 천안(天眼)을 맑혔습니다. 새벽녘에 이르러 무지(無知)의 근원을 타파했습니다.

곧 날이 밝아 해가 솟을 무렵, 인드라신과 범천[梵天, 하늘신]이 와서 내게 합장하며 말했습니다.

"가문이 훌륭한 분, 당신께 예배드립니다. 최상의 어른, 당신께 예배드립니다. 당신의 번뇌는 소멸되었습니다. 당신은 공양받을 만한 분입니다."

이어 내가 신들에게 둘러싸여 예배받고 있는 모습을 보시고, 스승은 미소를 지으며 다음과 같이 말씀하셨습니다.

"성실한 수행과 청정한 계행, 그리고 감관을 다스려 자제하는 것, 이로써 사람은 브라만이 된다. 브라만에 있어 이는 최고의 경지이다."

―장로게경[3] 수니타 비구―

―――――――――
3) 『비구의 告白, 비구니의 告白』 민족사, 1991, pp. 125-128

12 수행자 수니타,

천한 가문의 청소부에서 신들의 예배와 공양을 받는 최상의 승리자가 된 수행자 수니타.

이 놀라운 불성의 힘.

이제 우리 청보리들, 부처의 씨앗들은 노래합니다.

"나는 불성광명의 주인, 내 생명은 결코 멸하지 않으리.

나는 불성광명의 주인, 내 몸은 청정하여 그 무엇으로도 오염되지 않으리.

나는 불성광명의 주인, 내 지혜는 밝고 밝아 궁극의 진리 머지않아 깨치리.

나는 불성광명의 주인, 내 자비는 한량없어 풀 한 포기도 함부로 밟지 않으리.

나는 불성광명의 주인, 내 가문은 고귀하여 마침내 신들의 예배를 받으리."

-나는 **불성광명의 주인**-

13 '나는 불성생명

찬란한 부처 씨앗.'

이제 우리들은 이 거룩한 씨앗을 키워가는 보리농부들입니다. 피땀 흘려 갈고 가꾸어 금빛 찬란한 보리열매를 기약하는 보리농부들, 청보리들입니다.

벗이여, 지금이 씨앗을 가꿀 시간입니다. 어서 일어나 준비하십시오.

회향발원(저희는 님의 씨앗)

자비하신 부처님,

제3장 내 운명을 어떻게 바꿀 것인가?　99

　오늘 저희는 놀라운 진실에 눈뜨고 가슴 설레이는 기쁨을 감추지 못하고 있습니다. 찬란한 진리의 거울을 통하여 저희가 바로 불성생명, 부처의 씨앗임을 관(觀)하고 있습니다. 저희 가슴속에 눈부시도록 찬란한 불성광명, 진리광명이 넘쳐 흐르고 있음을 관(觀)합니다. 한 줄기 찬란한 부처의 씨앗이 움트고 있음을 관(觀)하고 있습니다.
　항상 함께 하시는 자비하신 부처님,
　이제 저희는 우울한 생각을 박차고 일어섰습니다. 내가 하는 일이 이 세상에 광명을 발하는 것임을 깨닫고 기쁨에 넘쳐 일어섰습니다.
-석가모니불 정근-

찬불가　부처의 씨앗일레

내용익힘

1. 다음 문장을 완성해 봅니다.
   ① 기이하고 기이하구나! (　　)의 온전한 지혜가 (　　) 몸 속에 있건만, 어찌하여 보지 못하는가. 내 마땅히 저들 (　　)을 가르쳐 (　　)길을 깨달아서, 그들로 하여금 뒤바뀐 (　　)과 (　　)을 깊이 여의게 하고, (　　)의 지혜가 그 (　　)에 있어서 (　　)와 더불어 다름이 없는 것을 보게 하리라.
   ② 불성은 (　　)입니다. 부처님의 무한한 (　　)을 온전히 간직한 부처의 (　　), (　　)입니다. 우리가 불성을 지녔다는 것은 나와 당신의 (　　)에 저 무한 찬란한 부처의 (　　)을 간직하고 있다는 진실을 의미합니다.
   ③ 부처님은 (　　)이십니다. 부처님의 생명력은 (　　)이십니다. 불성은 곧 무한 찬란한 (　　)입니다. 그런 까닭에 내 생명 또한 무한 찬란한 (　　)입니다.
2. 다음 물음에 간결하게 답합니다.

④ 부처님께서 왜 "기이하고 기이하구나!"하시는가?

⑤ "일체 중생이 불성을 지녔다."는 것이 어떤 진실을 뜻하는가?

⑥ 부처님께서는 왜 "부처와 중생이 더불어 하나이다."라고 하시는가?

교리탐구 불교의 인간사상[불성사상]이 실제로 인류사회에 어떤 변화를 일으켰는가?(수니타 장로의 사례를 중심으로)

실천수행 "마하반야바라밀, 광명의 새날이 밝았다."
아침에 눈뜨고 이렇게 외치며 일어난다.
"마하반야바라밀, 불성주인이 일터로 간다."
문을 열고 출근할 때 이렇게 외친다.
"마하반야바라밀, 내가 이 세상에 광명을 보낸다."
직장에서 첫 일과를 시작할 때 이렇게 외친다.

8과 • 마음 밖에서 찾지 말라

"마음이 모든 일의 근본이 된다.
마음이 주(主)가 되어 모든 일을 시키나니
마음 속에 착한 일 생각하면
그 말과 행동도 또한 그러하니라.
그 때문에 즐거움이 그를 따르리.
마치 형체를 따르는 그림자처럼."

—법구경 쌍서품—

탐구과제
- 불성이 실제로 무엇인가를 이해합니다.
- '유심(唯心)의 도리'가 어떻게 작용하는 것인가를 실제적 체험을 통하여 깨닫습니다.
- 일상생활에서 우리 생각을 어떻게 긍정적으로 바꾸어 갈 것인가를 생각하고 실천해 갑니다.

이 마음 이 생각이 곧 불성

14 "당신이 광명의 주인입니다. 당신이 불성(佛性)의 주인입니다."

스님께서 저 이형복 씨에게 말씀하시듯, 부처님께서 나를 향하여 말씀하십니다.

나는 이제 가만히 생각해 봅니다.

'내 속의 불성이란 것이 무엇인가? 내 속에 넘쳐 흐르는 진리 광명이란 것이 대체 무엇인가? 저토록 찬란한 부처님의 생명력이 실제로 내게 있는 것인가?'

이때 선사(先師)의 말씀이 어둠을 가르고 울려옵니다.

"마음을 보면 부처요, 마음을 보지 못하면 중생이다. 그러나 불성이 중생의 마음〔性品〕을 떠나지 않았다. 중생의 마음을 떠나 따로 불성이 있다면, 부처가 이제 어느 곳에 있겠느냐? 중생의 마음이 곧 불성인 것이다."
―달마대사/혈맥론(血脈論)―

15 "중생의 마음이 곧 불성이다."
　그러시다면 내 마음이 불성이고, 당신의 마음이 진리 광명이란 뜻 아닙니까?
　이것이 정녕 참된 법이라면, 지금까지 우리는 너무 오랫 동안 헛된 수고를 해온 것 같습니다. 우리는 밖에서, 밖으로만 찾아왔으니까요. 부처님을 나 밖에서 찾고, 하느님을 저 망망한 하늘에서 찾고, 법신을 밖에서 찾고, 진리를 밖에서 찾고, 니르바나를 밖에서 찾고……
　그러면서 우리는 실로 얼마나 많은 허깨비를 만들고, 허깨비 나라를 만들고, 또 그 허깨비에 매달려 방황해왔습니까?

16 이제 정말 정신차릴 때로군요. 두 눈 부릅뜨고 자신의 내면을 응시할 때로군요.
　그래서 선사께서는 이토록 간절히 경책〔警策, 일깨움〕하고 계십니다.

　"슬프다, 요즘 사람들은 어리석어서 자기 마음이 참 부처인 줄 알지 못하고, 자기 성품이 참 진리인 줄을 모르고 있다. 진리를 멀리 성인들에게서만 구하려 하고, 부처를 찾고자 하면서도 자기 마음을 살피지 않는다. 만약, '마음 밖에 부처가 있고, 성품 밖에 진리가 있다.'라고 굳게 고집하여 불도를 구한다면, 이 같은 사람은 비록 티끌처럼 많은 세월 동안 몸을 태우고 온갖 고행을 닦는

다 할지라도, 모래로 밥을 짓는 것과 같아서 보람은 없고 수고롭기만 할 것이다.……"
―보조국사(普照國師)/수심결(修心訣)―

17 부처님과 선사들의 거듭되는 경책을 듣고서, 이제 우리는 새 눈빛으로 우리 마음을 바라봅니다.

여기 이렇게 뚜렷이 작용하고 있는 내 마음, 이 순간 이렇게 번민하며 진실을 밝히려고 애쓰고 있는 이 생각, 바로 이 마음, 이 생각이 곧 불성이고 진리 광명이고, 내 참 생명이고, 참 몸이고, 참 나(我)이고…….

고요히 명상해 보면, 이 마음 이 생각을 버려두고 내 생명의 실체를 찾는다는 것은 곤란한 일인 듯합니다. 우리가 육신을 부정하고 영혼을 부정하고 법을 부정하고 세계를 부정하고…… 온갖 것을 다 부정한다 할 지라도, '지금 내가 생각하고 있다.'라는 이 엄연한 현실은 결코 부정할 수 없지 않겠습니까? 부처님을 믿지 않고, 신(神)을 믿지 않는다 할지라도 '내 마음이 지금 작용하고 있다.'라는 이 구체적인 진실은 결코 믿지 않을 수 없지 않겠습니까?

마음이 모든 것의 근본이 된다

18 나는 이 마음의 주인입니다. 나는 이 마음의 권능을 써서 오늘 하루를 살고 사업을 경영하고 내 인생을 창조하고 있습니다.

먹고 자고 입고 일하고 생각하고 말하고 예술하고 사랑하고 미워하고…… 이 모든 세상 일들 가운데 마음을 떠나서 되는 일이 어느 한 가지라도 있습니까? 부처님을 생각하고 신을 믿는 것도 이 마음 아닙니까? 영혼을 상상하고 육신을 논하는 것도 이 마음 아닙니까?

　그런 까닭에 이 마음이 세상 만사를 세상 만사 되게 하고 천지 만물을 천지 만물 되게 하는 무한의 능력이고 생명력입니다.

　세존께서 말씀하십니다.

"마음이 모든 일의 근본이 된다.
마음이 주(主)가 되어 모든 일을 시키나니.
마음 속에 착한 일 생각하면
그 말과 행동도 또한 그러하니라.
그 때문에 즐거움이 그를 따르리.
마치 형체를 따르는 그림자처럼……"
　　　　　　　　　　　　　　　　　－법구경 심의품－

19 "마음이 모든 일의 근본이 된다. 〔心爲法本―심위법본〕"

　우리는 이러한 진실을 '유심사상(唯心思想)'이라고 부르거니와, '유심사상'이야말로, '법신사상(法身思想)'과 더불어 불교사상의 양대 지주(兩大支柱)라고 할 수 있습니다.

　유심사상, 유심론(唯心論)이란, '마음이 불성이고 무한한 창조의 권능이다. 이 마음이 온갖 세계, 온갖 차별을 만들어낸다.'[4]

　이러한 이치를 우리는 흔히, '일체유심조(一切唯心造)다. 일체 모든 것은 오로지 마음이 만들어 낸다.'이렇게 말하고 있지요.

　『화엄경(華嚴經)』에서 말씀하십니다.

"마음은 마치 교묘한 화가와 같아서 온갖 요소를 그려내나니, 일체 모든 세계 가운데 마음이 만들지 아니한 것은 아무 것도 없느니라."
　　　　　　　　　　　　　　　　　－화엄경 야마천궁품－

---

4) 이러한 사상을 '유식연기론(唯識緣起論)', '아뢰야식연기론(阿賴耶識緣起論)'이라고 불러서 불교적 세계관의 한 바탕이 되고 있다. 참고문헌 김동화,『佛敎學槪論』pp. 168~192. 김동화,『唯識哲學』寶蓮閣, 1973. 이기영,『元曉思想』1

20 '마음은 교묘한 화가와 같아서.'

참 생각할수록 꼭 들어맞는 말씀이지요. 아침에 거울을 볼 때마다 내 얼굴이 달라집니다. 혹은 아름답게, 혹은 보기 싫게, 매일 만나는 당신의 얼굴도 달라집니다. 때로는 다정하게, 때로는 매정하게……. 매일 바라보는 하늘도 달라집니다. 이 때는 푸르른 희망의 빛으로, 저 때는 찌푸린 무의미한 허공으로…….

보이기만 그렇게 달라보일 뿐 아니라, 생각이 달라지면, 우리생활의 내용과 본질마저도 달라지는 것입니다. 어떤 사람들은 하늘보고 절하고, 어떤 사람들은 하늘 보고 주먹질합니다. 동쪽 사람들은 '유물(唯物)'을 숭상하고, 서쪽 사람들은 '유신(唯神)'을 주장합니다. 유물과 유신이 원수처럼 싸우고 있습니다.

무슨 까닭인가? 다 같은 지구 가족끼리 왜 이토록 원수처럼 되었는가?

그것은 곧 마음 때문입니다. 그들의 생각이 서로 다르기 때문에, 서로 동지가 되기도 하고 서로 적이 되기도 합니다. 그래서 '유심(唯心), 오직 마음 먹기에 달렸다.'라고 선언하셨습니다.

21 유심이라고 해서 유물이나 유신에 대립되는 제3의 요소를 만들어낸 것은 결코 아닙니다. 유물과 유신이 갈라져 나오는 그 근본 바탕이 곧 우리들의 마음이란 것이지요.[5]

벗이여, 고요히 명상해보세요. 우리 마음이 물질을 생각하지 않고 신(神)을 생각하지 않는다면, 유물론(唯物論)과 유신론(唯神論)이 어찌 생겨나서 서로 대립할 수 있겠습니까?

---

5) "그런데 다만 피상으로 볼 때에는 불교는 유심론의 위에 선 것이라 할지라도, 실상은 불교로서 보면, 심(心)과 물(物)은 서로 독립치 못하는 것입니다. 심이 즉 물(空卽是色)이요, 물이 즉 심(色卽是空)이외다. 고로 불교가 말하는 심은 물(物)을 포함한 심(心)이외다." 한용운,「내가 믿는 佛敎」, 全集 2, p. 288

"무슨 말이냐? 우리가 생각하지 않더라도, 물질도 존재하고 신(神)도 존재한다." 아마 이렇게 질문하는 친구들도 있을 것입니다. 옳은 생각입니다. '마음 밖에 없다'고 해서, 물(物)과 신(神)이 없다는 것 결코 아닙니다. 이 점 특히 주의할 것입니다.

22 그러나 그 때 우리 마음이 텅 비었을 때, 깨끗한 마음으로 볼 때 물질은 지금 우리가 생각하는 그런 물질이 이미 아니고, 신은 우리가 주장하는 그런 신이 이미 아닙니다. 서로 대립하고 부정하고 투쟁하는 그런 유물(唯物)과 유신(唯神)은 아닌 것입니다.

이런 도리(道理)는 유신(唯神) 유물(唯物)의 경우뿐만 아닙니다. 천당(天堂) 지옥(地獄), 정신(精神) 육신(肉身), 선(善) 악(惡), 주관(主觀) 객관(客觀), 시간(時間) 공간(空間), 생(生) 사(死), 나〔自〕 남〔他〕……, 우리가 상상하는 모든 세계가 실로 우리 마음에 따라 그 본질(本質)이 변화된 것입니다. 요컨대 지금 우리는 변질된 세계 속에서 대립 갈등하며, 저 전기 기사처럼 참 모습〔實相〕을 잃고 방황하고 있습니다. 생각해 보면, 참 허망한 삶이고 허망한 세계이지요.

이제 경(經)에서 이렇게 선언하십니다.

"삼계(三界, 모든 현상세계)는 마음이 빚어낸 것, 모든 것이 허망하니라."
　　　　　　　　　　　　　　　　　　　　　　　－화엄경 십지품－

이 마음 이 생각이 창조의 에너지

23 여기에 이르러, 우리는 "일체유심조(一切唯心造), 모든 것은 오로지 마음이 만든다."라는 부처님 법의 깊은 의도를 짐작하게 됩

니다.

　유심조(唯心造)의 깊은 의도가 무엇인가? 곧 우리 마음을 깨끗이 하려 함입니다. 우리 생각을 무엇 하나에 얽맴[집착(執着)]으로써 다른 것을 보지 못하고 부정하는 편견[偏見]을 치유하려 함입니다.

　벗이여, 저 전기 기사를 보세요. '나는 못난이다. 희망이 없다.' 이 한생각에 묶여 있었기 때문에, 그의 인생이 우울해지고, 그의 직장 생활이 불만 투성이가 되고, 마침내 육신도 정신도 병들어 무너지는 것입니다.

24 이 병을 치유하는 길이 무엇입니까? 이제 그 해답은 스스로 명백해졌습니다.

　무엇인가?

　먼저 유심(唯心)의 도리(道理)를 깨닫는 것입니다.

"지금의 불만족한 나는 어둔 내 생각이 만들어낸 착각이다. 내 참 모습은 결코 이런 것이 아니다.

　나는 찬란한 불성(佛性)의 주인공(主人公)이다. 내게는 밝게 빛나는 무한의 희망이 있다."[6]

　이렇게 우리 마음을 바꾸는 것이 유심조(唯心造)를 설하신 부처님의 진정한 의도인 것입니다.

　경(經)에서 말씀하십니다.

"만약 너희가 삼세[三世, 과거·현재·미래]의
부처님을 알고자 하거든
마땅히 이와 같이 생각하라.

---

6) "이 마음이 흐려지면, 가는 길은 험해지고, 그 때문에 쓰러진다. 이 마음이 맑아지면, 가는 길은 평탄해지고, 여로는 평화로우리라."　　　『수능엄경』

'마음이 여래[부처]를 만든다'고."　　　　　　　　　　-화엄경-

25 불성은 곧 우리들의 마음, 생각입니다. 그런 까닭에 우리들의 생각은 그대로 크나큰 변화의 능력, 창조의 능력입니다. 우리 마음의 힘, 생각의 힘은 실로 엄청난 것입니다. 생각은 단순히 우리 자신의 인생을 바꿀 뿐만 아니라, 우리가 살고 있는 환경과 대상(對象) 곧 객관(客觀)의 세계까지 바꿉니다.[7]

여기 어떤 교사의 체험 보고가 있습니다.

어떤 교사가 새로 부임한 학교에서 담임한 학생들에 대하여 잘 알아두려고 생활기록부를 훑어 보았다. 그랬더니 기록된 점수가 대부분이 90이상이고, 더러는 80점대도 있고, 어쩌다가 70점대도 눈에 띄었다. 그래서 자기가 맡은 반의 아이들은 모두 공부 잘 하는 학생들이거니 생각하고, 그 반 학생들을 가르치기 시작하였다.

그리하여 학생들이 공부를 잘못하더라도, 그것은 학생들의 머리가 나빠서 그런 것이 아니라, 어쩌다 실수로 그런 것이라고 생각하여 더욱 열심히 가르쳤다. 한 학기를 그렇게 열심히 가르친 후, 그 반 아이들의 성적을 같은 학년의 다른 반 아이들과 비교해 보았더니 처음에 자기가 생각한 대로 성적이 좋아서 동료교사나 교장 선생님에게 칭찬까지 받았다.

그런데 나중에 알고 보니, 그 교사가 생활기록부에서 본 숫자는 성적이 아니라 지능 지수(知能指數, IQ)를 적은 것이었다. 실제로 그 반 학생들은 다른 반보다 지능이 낮은 편이었다.[8]

---

7) "이와 같이 마음이 이 세상을 이끌고 지배하고 만들고 있으며 어느 경우에 있어서나 마음이 주인인 것이다. 어둔 마음에서 어둔 세계가 생겨나는 것이다."　　　　　　　　　　　　　　　　　　　　　『파리증지부』4~186

8) 홍웅선, 『全人敎育의 理念』, 全人敎育의 理論과 實際, 서울시 교육위원회, 1979, p.35

제3장 내 운명을 어떻게 바꿀 것인가? 109

26 이제 우리는 우리 자신의 마음을 고요히 응시하고 있습니다. 우리 마음, 이 생각들이 실로 엄청난 불성이고 변화와 창조의 권능인 진실을 응시하고 있습니다. 이 생각이 나를 바꾸고 남을 바꾸고 온 세상을 바꾸는 힘의 원동력인 엄연한 진실을 응시하고 있습니다. 이 마음을 선용하여 우리 인생을 행복하게 창조하고 이 세계를 평화롭게 가꾸며, 마침내 부처님의 지혜에 가까이 갈 수 있다는 놀라운 진실을 응시하고 있습니다.

'이제 다시는 밖에서 찾지 않으리라.'

이렇게 다짐해 봅니다.

선사(先師)의 경책이 귓전을 울립니다.

"과거의 부처님도 단지 마음 바탕을 밝히신 분이요, 현재의 성현들도 역시 마음 바탕을 닦은 이들이며, 미래의 공부하는 이들도 마땅히 이러한 법에 의지하리니, 원컨대 공부하는 이들아, 제발 밖에서 찾지 말아라."

―보조(普照)국사/수심결(修心訣)―

회향발원(이 생각, 이 마음을 바꾸겠습니다)

자비하신 부처님,

저희는 너무 오랜 세월 나 밖에서 주(主)를 찾고 나 밖에서 구원을 찾아왔습니다. 그리하여 끊임없이 헤매고 방황하며 허수아비 앞에 무릎 꿇고 매달려 왔습니다.

항상 함께하시는 자비하신 부처님,

그러나 이제 저희들은 관(觀)하고 있습니다. 이 마음, 이 생각이 모든 것을 만들어내는 주(主)이며 이 마음, 이 생각을 선하게 바꾸면 내 인생, 우리 가정, 우리 직장, 우리 민족의 운명이 선하게 밝게 바뀌는 것임을 분명히 관하고 있습니다.

―석가모니불 정근―

찬불가 안에서 찾자

내용익힘

1. 다음 문장을 완성해 봅니다.
   ① (   )이 모든 일의 (   )이 된다. (   )이 주(主)가 되어 모든 일을 시키나니, (   ) 속에 착한 일 생각하면 그 (   )과 (   ) 또한 그러하니라. 그 때문에 (   )이 그를 따르리. 마치 (   )를 따르는 (   )같이.
   ② (   )을 보면 부처요, (   )을 보지 못하면 (   )이다. 그러나 불성이 중생의 (   )을 떠나지 않았다. 중생의 (   )을 떠나 불성이 따로 있다면, (   )가 이제 어느 곳에 있겠느냐? 중생의 (   )이 곧 불성이다.
   ③ 우리 (   ), 이 (   )이 실로 엄청난 불성이고, 변화와 창조의 (   )인 진실을 응시하고 있습니다. 이 (   )이 (   )를 바꾸고 (   )을 바꾸고 온 (   )을 바꾸는 힘의 (   )인 엄연한 진실을 응시하고 있습니다.

2. 다음 물음에 간결하게 답합니다.
   ④ 참 부처님, 참 진리는 곧 무엇인가?

   ⑤ '일체유심조(一切唯心造)'가 무슨 뜻인가?

   ⑥ 나와 세계를 선하게 바꾸려면 먼저 어떻게 할 것인가?

교리탐구 유심론(唯心論)은 유신론(唯神論)·유물론(唯物論)과 어떻게 다른가?

실천수행 "감사합니다. 감사합니다."
　내 주변의 모든 사람들에게 항상 이렇게 말하고 실제로 이렇게 생각하고, 조그마한 것으로도 감사의 뜻을 표현하도록 끊임없이 노력한다.

9과 • 낡은 필름을 바꾸어라

"일체 중생이 온갖 번뇌에 덮여서 불성을 스스로 깨닫지 못하고 있거니와, 만약 이 번뇌를 없앤다면 곧 불성을 볼 수 있나니, 저 장사가 명경을 보고 제 구슬을 볼 수 있음과 같으니라." —열반경 여래성품—

탐구과제
- 우리가 불성생명을 지녔으면서도 온갖 고통 속에 빠지는 원인이 무엇인가를 발견합니다
- '탐·진·치' 삼독심이 무엇인가를 이해합니다.
- 관법수행(觀法修行)의 방법을 이해하고 실천해갑니다.

눈 뜬 장님들

27 "내 마음이 불성이다. 내 생각이 굉장한 변화와 창조의 권능이다."
　이 말씀을 들으면서, 기쁨과 함께 한 가닥 의문이 생깁니다.
　저 이형복 씨는 왜 마음이 병들고 육신이 병들고 살림이 병들어갑니까? 아니, 마음과 육신과 살림이 병들어 괴로워하는 이가 어디 저 분뿐입니까? 나도 그렇고, 당신도 그렇고, 우리 이웃도 그렇고 저 거리의 동포들도 그렇고, 이 세상에서 병들지 않은 사람이 몇 명이나 되겠습니까?
　"사바(娑婆)는 정녕 고해(苦海), 고통의 바다인가?"

28 왜 이런가?
　우리는 저마다 찬란한 불성의 주인인데, 부처님의 생명력인 마

음을 쓰면서 살아가는데 어찌하여 병들고 실패하고 싸우고 멸망해가는가? 대체 무한한 불성 광명은 어디로 간 것일까?
　이와 같이 고민하고 있는 카샤파에게 세존께서는 이렇게 자상하게 일깨우고 계십니다.

　"이를테면, 이마에 금강 구슬이 있는 장사가 다른 장사와 씨름하다가 그 구슬이 잘못 되어 피부 속으로 들어가 버렸다고 하자. 그 장사는 이마에 상처가 났다고 생각하여 의사에게 보였다. 의사는 상처가 구슬 때문에 생겼고, 그 구슬은 아직도 피부 속에 박혀 있는 것을 보았다. 이때 장사는 그것을 모르고 슬퍼하며 울었다.
　'구슬이 떨어져 없어진 것이 아닌가? 구슬이 어디에 있단 말인가? 있는 듯이 보이는 것은 자취요 그림자에 불과한 것이 아닌가?'
　그때 의사는 장사를 위로하였다.
　'낙심하지 말고 슬퍼하지 말라. 그대가 싸울 때 구슬이 피부 속으로 들어갔으므로 지금도 피부 속에 있으며, 그 그림자가 밖에 나타나 있는 것이다. 그대가 씨름할 때, 노기(怒氣)가 너무 치열했었지. 그래서 구슬이 안으로 들어가고, 스스로 알지 못할 뿐이다.'
　그리고 의사가 장사의 얼굴을 비추자, 구슬은 거울 속에 명확하지 않는 까닭에 불성이 있어도 스스로 보지 못하는 것이다. 더욱 탐(貪)·진(瞋)·치(癡)에 덮여 있기 때문에, 미혹(迷惑―어리석음)의 여러 상태가 나타나게 되는 것이다."
　　　　　　　　　　　　　　　　　　　　　　　　―열반경 여래성품―

29 그럼 불성의 금강 구슬이 아직 우리 속에 있단 말인가? 탐·진·치의 뒤바뀐 생각이 다만 이 금강 구슬을 뒤덮고 있단 말인가? 그래서 우리는 보지 못하고 있을 뿐인가?
　이제 세존께서는 단호하게 밝혀 보이십니다.

　"일체 중생이 온갖 번뇌에 덮여서 불성을 스스로 깨닫지 못하고 있거니와, 만약 번뇌를 없앤다면 곧 그 불성을 볼 수 있나니, 저 장사가 명경을 보고 제 구슬을 볼 수 있음과 같으니라."

—열반경 여래성품—

30 어느 늦가을 저녁, 종로 지하도를 빠져 나오다가 길거리에서 기타를 치며 노래 부르고 있는 한 맹인(盲人) 부부를 만났습니다. 그들의 썰렁한 모금 그릇에 백원 한 닢을 놓고 돌아서면서 나는 무심결에 중얼거렸습니다.

"불쌍한 사람들, 저들에게도 무슨 희망이 있는가?"

그러나 이제 저 부처님의 간곡하신 말씀을 듣고서는 정녕 불쌍한 사람들은 나 자신, 우리들 자신인 줄을 깨닫습니다. 진정 눈 먼 사람들은 바로 나 자신인 줄을 새삼 깨닫고 있습니다.

육신의 눈이 먼 것도 고통이려니와, 정작 더 큰 고통은 마음의 눈이 먼 것이지요. 눈 먼 저 거리의 형제들도 희망을 갖고 힘차게 인생을 위하여 노력하고 있는데, 두 눈이 멀쩡한 우리들은 지금 무엇을 하고 있습니까?

자신의 출신(出身)을 원망하고 부모님을 원망하고 세상을 불평하고 환경을 불평하고 조건을 불평하고……, 그러면서 우리는 자신을 학대하고 가족을 괴롭히고 이 세상을 우울하게 만들고 있는 것은 아닙니까?

31 눈 뜬 장님들.

그래서 우리는 우리 속의 불성 광명을 보지 못하고 있습니다. 우리 이마에 박힌, 저 석굴암(石窟庵) 대불의 미간 백호광(眉間白毫光)같이 찬란한 금강 구슬을 보지 못하고 있습니다. 보지 못하기 때문에 "구슬이 어디 있단 말인가? 그것은 본래부터 없는 것이 아닌가?" 이렇게 탄식하고 믿지 못하고 있습니다.

보지 못하고 믿지 않고 쓰지 않는 한(限), 그것은 진흙 속에 묻힌 구슬처럼 무의미한 것이지요. 아무리 고귀한 금강 구슬이라도 무용지물(無用之物)이 되고 맙니다.

그래서 세존께서 말씀하십니다.

"중생의 불성을 곧 부처라고 일컫지 않는다. 온갖 공덕의 인연이 서로 합하여 불성을 보게 될 때, 그런 다음에야 부처가 될 수 있는 것이다."

—열반경 사자후보살품—

탐·진·치 때문에

32 진흙 속에 묻힌 금강 구슬.

우리 본래의 불성 광명, 찬란한 마음의 권능이 탐욕[貪]과 성냄[瞋]과 어리석음[痴] 등의 번뇌에 덮여서 빛을 잃고, 도리어 뒤바뀐 생각[顚倒夢想]이 되고 말았습니다. '번뇌[煩惱, kleśa]'란 법을 보지 못하는 데서 생겨나는 '어둔 생각·뒤바뀐 생각·혼미한 생각'으로서, 마치 거울에 먼지와 때[垢]가 낀 것처럼, 이 번뇌가 불성 광명을 가리고 있기 때문에 '먼지[塵埃]·때[垢]·결박[結縛]'이라고도 부릅니다.[8]

아무리 찬란한 금강 구슬[金剛寶珠]이라도 깊은 진흙 속에 묻히면 그 빛을 발할 수 없듯이, 우리들의 빛나는 불성 마음도 이제 번뇌의 진흙 속에 매몰되어 있기 때문에 그 광명의 권능을 발할

---

8) 불성을 덮어 싼 번뇌에 두 가지가 있으니 첫째는, 사리(事理)에 어두운 이성(理性)의 번뇌로서 이것을 '견혹(見惑, 눈의 번뇌)'이라 하고 둘째는, 실제(實際, 현실)를 당하여 헤매는 감성(感性)의 번뇌로서 이것을 '사혹(思惑, 생각의 번뇌)'이라고 한다. 이 견혹(見惑)과 사혹(思惑)의 두 가지는 모든 번뇌의 근본적인 분류이다. 또 이 모든 번뇌의 근본이 되는 것에 두 가지가 있다. 첫째는 무명(無明, 無知)이요, 둘째는 애욕(愛慾)이다. 『승만경』

수 없습니다. 이런 상태에서는 생각도 빛을 잃고 망념 망상이 되고 맙니다. '밤새도록 생각한 것이 고작 죽을 수'라는 말처럼, 이런 망상 망념은 쓰면 쓸수록 더욱 나빠지고 악화되고 망치게 됩니다.

번뇌의 진흙 속에 묻힌 불성 마음과 여기에서 생기는 망념 망상 우리는 이 불행한 상태를 '불성의 일시적 상실(一時的喪失)' 이렇게 부르거니와 이 불성의 상실은 곧 마음의 상실이 되고, 자아의 상실(自我喪失), 인간 상실(人間喪失)이 되는 것입니다.[9]

현대의 가장 큰 불행이 바로 '자아상실 인간상실의 병'인 줄을 우리가 다 아는 바이지만, 이 병이 우리 자신의 번뇌 때문에 생겨난 것임을 깨닫는 이는 많지 않습니다. 그래서 상실(喪失)의 병은 더욱 깊어져 가는 것이지요.

33 번뇌는 왜 생기는가?
어둔 생각, 뒤바뀐 생각, 혼미(昏迷)한 생각은 왜 생기는가?
다시 세존 말씀을 경청합니다.

"일체 중생도 또한 이러하다. 좋은 스승(善知識)을 가까이 하지 않는 까닭에 불성이 있어도 스스로 보지 못하는 것이다. 더욱 탐(貪)·진(瞋)·치(痴)에 덮여 있기 때문에, 미혹(迷惑)의 여러 상태가 나타나게 되는 것이다."
　　　　　　　　　　　　　　　　　　　　－열반경 여래성품－

34 '탐·진·치'
이 세 단어는 부처님 설법 가운데에서 너무도 흔히 부딪치는 용어이고, 번뇌의 대명사처럼 인식되어 있습니다.

---

9) "이 나(自我)는 본래부터 이제껏 항상 한량없는 번뇌로 가려져 있다. 그러기에 그것(自我)을 못 보는 것이니 마치 가난한 여인이 집 안에 황금 곳간이 있음을 알지 못하는 것과 같다."　　　　『열반경』「여래성품」

탐은 곧 탐욕(貪慾)으로서 도리에 어긋나는 지나친 욕심을 일컫습니다.
진은 곧 진에(瞋恚)로서 분별 없이 성내고 미워하는 마음을 일컫습니다.
치는 곧 우치(愚癡)로서 사리(事理)에 밝지 못하고 스스로 사고(思考)할 줄 모르는 어리석음을 일컫습니다.
욕심〔貪〕과 성냄〔瞋〕과 어리석음의 세 가지 심리와 행위는 마치 맹렬한 독약이 사람의 몸을 훼손하듯, 나와 당신의 생각을 좀먹고 불성 마음을 손상시키는 까닭에, 많은 번뇌 가운데에서도 '삼독심(三毒心), 삼독(三毒)' 이렇게 부르고 있습니다.

35 나와 당신의 모든 병이 이 삼독의 번뇌 때문에 생겨납니다. 이 세상 모든 불행이 또한 이 삼독 번뇌(三毒煩惱) 때문에 생겨납니다.
벗이여, 곰곰히 생각해 보세요.
잔잔하던 우리 마음이 언제 깨어집니까? 멀쩡하던 우리 정신이 언제 혼란에 빠집니까? 우리 생각으로는 '이렇게 해야지'하면서도 우리 행동은 이성(理性)의 명(命)을 거역하고 탈선할 때가 언제입니까? 아니, 우리가 싸우고 후회하고 실패할 때가 대체 언제입니까?
'욕심내고 성내고 깊은 생각 없이 날뛸 때.'
부처님께서는 이렇게 진단하셨거니와, 우리들의 일상현장(日常現場)을 돌아볼 때, 이 진단이 얼마나 현실적이고 본질적인 것인가를 새삼 감탄하지 않을 수 없습니다.

36 이제 우리는 고개 숙여 세존의 경책을 묵묵히 경청하고 있습니다.
"만일 착하지 못한 마음을 내면

탐·진·치 삼독이 일어나느니라.
이 몸이 스스로 지은 악한 짓은
그 해(害)가 도리어 몸에 오나니
저 파초가 열매를 맺으면
스스로 제 몸을 해함과 같다.
만일 탐·진·치가 없다면
이를 이름하여 지혜라 하느니라.
자기의 몸을 해하지 않는 이를
뛰어난 대장부라 이름하나니
그러므로 탐·진·치의 큰 재난은
마땅히 끊어서 없애 버려라."

－잡아함경 1－

낡은 생각을 바꿔라

37 "이 믿음으로 들어가기 전에는 가족 중에 몸이 약한 사람이 많고, 아내의 경우는 심장판막증(心臟瓣膜症)이라고 하여 의사로부터 불치의 선언을 받고 있었던 것입니다. 때마침 그때는 일체의 죄를 씻는다는 견지에서 무일푼의 생활을 계속하던 시절이었습니다만, 어디선지 모르게 매일 점심 때마다 요리집에서 생선요리와 회(膾)를 배달시켜주는 사람이 있었던 것입니다……. 종전에는 불치병 환자였던 아내가 현재에 와서는 올바른 믿음으로, 건강하게 지내고 있습니다.

또한 약 10년 전에 내가 스미요시[住吉]의 우메노키[梅木]에 살고 있을 때에는 생명보험에 가입하라고 보험회사의 세일즈맨이 권하기에 들어볼까 해서 의사에게 진단을 받았더니 보험회사측에서 가입시킬 수 없다고 거절해왔습니다. 그러나 이 '생장(生長)의 집' 신앙으로 들어온 후부터는 그 보험회사도 받아주지 않았던 나의 이 약한 육체에서 이상한 정력이 솟아 회사에서 무척 오랫동안 격무에 시달리다가 집으로 돌아가면, 방문자가 기다렸다가 열한 시 경까지 이야기를 하다가 돌아가기도 합니다만, 끄떡없습니다. 그러면서도 매일 아침 회사에 출근하기까지 월간 '생장의 집' 잡지를 한 권씩 쓸 만한 여유가 생긴 것입니다."[10]

38 이 글은 '생명(生命)의 실상(實相)'으로 유명한 일본인 다니구찌 씨의 자전(自傳)입니다. 그와 그의 부인은 몇 가지 불치병의 선고를 받고, 보험회사에서도 거절하는 거의 절망 상태였지만 이 믿음으로 들어온 뒤 그는 이제 놀랍게 회생(回生)하여 정력적으로 활동하면서 많은 사람들에게 생장(生長)의 법을 전파하고, 병과 재난에서 구원하고 있습니다.

무엇 때문인가?
그를 회생케 한 이 믿음이란 무엇인가?
다니구찌 씨의 증언을 경청합니다.

"왜 이와 같이 올바른 신앙으로 들어서면 육체도 건강해지느냐면 이 현실 세계라는 것은 우리 신념의 필름이 만들어내는 영화이므로 육체도 변하는 까닭입니다."[11]

39 '이 현실세계라는 것은 우리 신념의 필름이 만들어내는 영화이므로……'

이게 무슨 도리인가?

곧 '일체유심조(一切唯心造), 모든 것은 마음이 만들어 낸다'라는 그 도리입니다. 다니구찌 씨는 철저하게 유심(唯心)의 묘한 이치

---

10) 다니구찌(谷口雅春), 『生命의 實相』 제3권, 太宗出版社, 1977, pp. 38~39
11) 다니구찌, 『生命의 實相』 3권, p. 39

를 깨닫고, 그 이치를 활용하기 때문에 병고와 좌절에서 일어나 놀라울 만한 건강과 성공을 창출(創出)한 것입니다.

그와 그 가족들과 많은 사람들을 살려낸 그 믿음이란 필경 유심도리에 대한 의문의 여지없는 신념을 뜻합니다. 유심도리는 한갓 경전 속의 교설(敎說)이거나 이론적인 체계가 아닙니다. 그것은 곧 우리 현실이며, 현실을 창출해내는 실천 지혜입니다. 이 유심도리를 써서 우리는 마땅히 새로운 영화를 만들어낼것입니다. 그러기 위해서 우리는 먼저 필름부터 바꿀 것입니다. 이 낡은 상념(想念)들, 탐·진·치의 번뇌로 오염된 낡은 상념의 필름을 뽑아 버리고 불성 마음의 새 필름으로 갈아 끼울 것입니다.

40 나는 마음의 주인입니다. 마음은 곧 불성, 찬란한 부처님의 생명력입니다.

내 마음 자리에서 나는 부처님과 한 줄기로 연결되어 있습니다. 마음은 부처님과 내 생명의 물이 교류(交流)하는 물줄기와 같습니다. 발전소의 전기에너지가 전선(電線)을 통하여 천등만등으로 부어지듯, 마음 줄기〔性品〕를 통하여 부처님의 풍성한 은혜의 물이 흘러오고 있습니다. 마음과 부처님, 부처님과 내 마음을 서로 다른 것으로 생각하고 밖에서 찾으려 한다면 천만착각(千萬錯覺)이고 헛수고일 뿐입니다.[12]

그래서 선사(先師)께서는 경책하시지 않았습니까?

"만약 '마음 밖에 부처가 있고, 성품 밖에 진리가 있다.'라고 굳게 고집하여 불도를 구한다면 이 같은 사람은 비록 티끌처럼 많

---

12) "마음과 같아서 부처도 그렇고, 부처와 같아서 중생도 그렇다.
마음과 부처와 중생과 이 셋은 아무 차별 없나니,
모든 부처님은 다 아시니라, 일체는 마음으로 좇아 난 줄을.
만일 이와 같이 능히 안다면, 그는 부처님을 능히 보리라."
『화엄경』「야마천궁품」

은 세월 몸을 태우고…… 온갖 고행을 닦는다 할지라도, 모래로 밥을 짓는 것과 같아서 보람은 없고 수고롭기만 할 것이다."
―보조국사/수심결―

41 이제 우리가 할 일은 분명해졌습니다. 내 마음의 실상(實相), 우리 마음의 참 모습을 그대로 관(觀)하는 것입니다. 고요히, 투철히 관하면서 마음의 본성을 그대로 드러내는 것입니다.

그러기 위해서는 먼저 마음의 작용, 마음의 흐름 하나하나를 관찰하면서 부처님의 가르침에 따라 그 흐름을 바로 잡아가야 합니다.

"지금 나는 무엇때문에 마음이 무거운가? 무엇 때문에 나는 괴로워하고 두려워하고 있는가? 이 생각이 생기게 된 최초의 원인은 무엇인가? 누구와 다투었기 때문인가? 무슨 욕심이 있기 때문인가? 이미 흘러가버린 일을 나는 지금 붙잡고 괴로워하는 것은 아닌가? 앞으로 다가올 일을 나는 지금 미리 걱정하고 있는 것은 아닌가? 과연 걱정하고 두려워할 까닭이 있는 문제인가?……지금 내 마음은 무엇을 생각하고 있는가?……"

42 이렇게 세심히 마음의 흐름을 관찰하면서 번뇌의 먼지를 털어버리고 마음의 흐름을 바로 잡는 수행을 8정도(八正道)에서는 '정념(正念)' '정정(正定)'이라 일컫고, 여러 가지 구체적인 방법을 제시하고 있습니다. 호흡을 관하는 수식법(數息法)도 그 하나입니다. 대승불교의 참선수행(參禪修行)과는 좀 다른 초기불교의 선정수행(禪定修行)이라고 할 수 있습니다. '명상'이라는 말보다는 '관법' '관법수행(觀法修行)'이라고 일컫는 게 좋을 것 같습니다.

캇파 비구는 '이 몸은 부정한 것이다.'라는 관〔身不淨觀〕을 이렇게 닦고 있습니다.

"고인 채 썩고 있는 웅덩이처럼 온갖 더러운 것으로 가득 차 배설물을 만들어내는 커다란 통, 커다란 고름주머니, 커다란 상처를 가진 육신은 피고름이 가득하고 똥오줌이 찌들어 더러운 진물이 흐르고 늘 냄새나는 액체가 흘러나온다.

이 냄새나는 육신은 예순 개의 힘줄로 얽어, 맨 위에 살반죽을 바르고 가죽으로 둘러싼 쓸모 없는 물건이다.

육신은 뼛조각으로 골격(骨格)을 세워 이를 힘줄로 엮어 놓은 바, 자질구레한 것들이 모여 이루어진 까닭에 오만 가지 행동을 자아낸다.

늘 탐욕스러운 사람은 죽어 세상을 떠난 뒤, 반드시 죽음의 마왕(魔王) 곁으로 간다.

육신은 무명(無明)에 휩싸인 채 네 가지에 구속되어 있다. 육신은 격류 가운데 갇혀 있으며, 잠재적인 번뇌의 올가미에 붙잡혀 있다.

또한 다섯 가지 장애물에 휩쓸리어 온갖 생각에 시달리며, 애착의 뿌리에 쫓기다가 미망(迷妄)이라는 장애물을 만난다.

육신은 바로 이런 모습으로 존재하며, 업(業)이 부리는 대로 움직이고 있다. 번영은 멸망으로 막을 내리고, 살아 있는 것은 모두 죽음으로 끝난다.

이러한 육신을 '내 것'이라고 생각하는 어리석은 사람들은 무서운 묘자리만 넓혀가며 거듭 헛된 삶을 되풀이한다.

이러한 육신을 똥물을 뒤집어쓴 뱀을 피하듯 하는 사람은 윤회의 근원인 망집(妄執-허망한 집착)을 떨쳐버리고 오염을 벗어난 사람으로 최고의 평안[해탈, 열반]에 도달하리라."

－장로게경/캇파비구－[13]

---

13) 『비구의 告白, 비구니의 告白』 pp. 119-120

회향발원(관법수행 힘써 닦겠습니다)

　자비하신 부처님
　이제 저희들의 낡은 생각, 낡은 필름을 미련없이 바꾸겠습니다. 지금까지 탐·진·치 삼독심의 번뇌로 낡아버린 생각 때문에 저희는 저희 자신과 이웃과 세계를 잘못 보고 잘못 행동하며 스스로 고통의 허물을 뒤집어 쓰고 살아왔습니다.
　항상 함께 하시는 자비하신 부처님
　저희들은 자세를 바르게 하고 호흡을 바르게하여, 저희 육신 하나 하나를 관(觀)하겠습니다. 저희 마음작용 하나 하나를 관하겠습니다. 관(觀)함으로써 새 필름으로 바꾸겠습니다.　　　-석가모니불 정근-

찬불가　오! 이 기쁨

내용익힘

1. 다음 문장을 완성해 봅니다.
   ① 일체 중생이 온갖 (　　)에 덮여서 (　　)을 스스로 깨닫지 못하고 있거니와, 만약 이 (　　)를 없앤다면 곧 (　　)을 볼 수 있나니 저 장사가 명경을 보고 제 (　　)을 볼 수 있음과 같으니라.
   ② (　　)과 (　　)과 (　　)의 세 가지 심리와 행위는 마치 맹렬한 (　　)이 사람의 몸을 훼손하듯, 나와 당신의 (　　)을 좀먹고 (　　)을 손상시키는 까닭에, 많은 번뇌 가운데서도 (　　) (　　)이라고 부릅니다.
   ③ 이 (　　)를 써서, 우리는 마땅히 새로운 (　　)를 만들어낼 것입니다. 그러기 위해서는 우리는 먼저 (　　)부터 바꿀 것입니다. 이 낡은 상념들 (　　)의 번뇌로 오염된 낡은 상념의 (　　)을 뽑아버리고 (　　)의 새 (　　)으로 갈아 끼울 것입니다.

2. 다음 물음에 간결하게 답합니다.

④ 우리가 불성생명의 주인이면서 도리어 크나큰 고통 속에서 방황하는 것은 무엇 때문인가?

⑤ 우리가 처한 천차만별의 이 현상세계는 어떻게 하여 나타나는 것인가?

⑥ 우리의 어둡고 우울한 인생현실을 바꾸려면 먼저 어떻게 할 것인가?

교리탐구 사념처관(四念處觀)이란 무엇인가?

실천수행 관법수행(觀法修行) — 초기 선정수행(禪定修行)의 원리를 공부하고 매일 일정 시간 동안 이를 실천해 간다.

단원정리

● **합송** 마음을 바꿔라, 생각을 바꿔라

법사 선남 선녀들아, 기이하고 기이하구나!
대중 실로 그러합니다. 찬란한 지혜광명, 불성광명이 저희 몸 속에서 찬연히 빛을 발하고 있습니다. 이 불성은 순결한 부처 씨앗, 보리 씨앗, 저희는 보리 농부들, 팔을 걷어붙이고 일어나 불성 생명의 주인으로 대광명의 주인으로, 나아가고 있습니다. 비천하고 열등한 생각 다 씻어버리고 당당한 불성광명의 주인으로 빛을 발하고 있습니다. 이 어두운 세상에 빛을 보내고 있습니다.
법사 선남 선녀들아, 불성이 무엇입니까? 진리광명이 어디 있습니까?
대중 이 마음, 이 생각입니다. '불성은 무엇인가?' 이렇게 묻고 대답하려는 이 생각이 불성이며 광명입니다. 이 마음, 이 생각은 무한한 창조의 에너지, 하늘·땅도, 신(神)도 인간도 모두 이 생각이 만들어낸 것입니다. 선(善)을 생각하면 하늘나라가 열리고 악(惡)을 생각하면 지옥문이 열립니다. 그래서 붓다께서 "일체유심조(一切唯心造), 천지만물은 마음이 만들어낸다." 이렇게 선포하십니다.
법사 선남 선녀들아, 이제 그대들 마음을 어찌 하렵니까? 어둠과 혼란으로 요동치는 그대들 생각을 어찌 하렵니까?
대중 요동치는 이 마음, 이 생각이 그대로 불성마음, 불성생각임을 믿습니다. 한때 그림자 속에 가리었어도 저희들의 불성생각은 저 장사의 금강석같이 지금 이 순간에도 더욱 찬란히 빛나고 있습니다. 이제 저희들은 낡은 필름 버리고 청정한 새 필름으로 갈아끼웁니다. 큰 호흡 한 번 들이키고 저 푸르른 하늘 한 번 올려보고, 이제 저희는 생각을 바꾸었습니다.
다함께 벗이여, 선남 선녀들이여, 모두 허리를 곧게 펴고 바로 앉아요. 두 눈 조용히 감고 호흡을 헤아리며 생각을 한 곳으로 집중하세요. "나는 지금 무슨 생각을 하고 있는가? 어떤 생각이 나를 괴롭히고 있는가? 내 마음은 무엇에 묶여서 평화롭지 못한가?" 이렇게 깊이 깊이 관(觀)하세요. 벗이여, 이제 밝은 광명으로 당신 생각을 채우세요. "어둠은 사라졌다. 내 생각은 자유롭다. 내 마음, 내 생각은 광명으로 가득하다." 이렇게 관(觀)하고 또 관하세요.

● **창작** 우리들의 마음, 청정불성을 주제로 한 노래들을 모아서 함께 배우고 가족별로 경창모임을 만듭니다.

● **법담(法談)의 시간**
1. 주   제 : 관법 수행(觀法修行)의 실제적인 방법에 관하여
2. 주요내용 :　① 요가의 원리는?
　　　　　　　② 수식관(數息觀)과 호흡법은?
　　　　　　　③ 사념처관(四念處觀)의 구체적 내용은?
　　　　　　　④ 간경관법(看經觀法)의 체험 내용은?
　　　　　　　⑤ 가정에서 할 수 있는 효과적인 관법수행은?

제4장

죄인이
어디 있나?

"선남자 선여인들아, 일체중생의 마음이 본래 청정한 것이니라."

― 증지부경 ―

제4장 죄인이 어디 있나?

이끄는 말

선남자 선여인아!

❶ "죄인이다, 말세다, 심판이다." 많은 친구들이 이렇게 부르짖으며 두려워 떨고 있습니다. 그런데 부처님께서는 우리를 향하여 선포하십니다.
"선남자, 선여인들아! 너희는 일찍 죄지은 일 없느니라. 너희는 본래로 청정하니라."

❷ 4장은 「본래청정(本來淸淨)의 장」입니다. 인간본성의 무한 청정성을 탐구할 것입니다. 여기에서 우리는 '죄인이다'라는 바로 그 생각, 그 말 한마디가 죄인을 만드는 근본원인임을 깨닫고, 죄와 복은 신(神)의 뜻이 아니라 인과응보(因果應報)의 자연스런 이치임을 터득하게 될 것입니다.

❸ 벗이여, 이제 우리 모두 무릎 꿇읍시다. 부처님 앞에 나아가 무릎 꿇고 참회합시다. 몸을 부수는 참회를 통하여 오랜 업보(業報)의 껍질 벗어버리고, 진정 선남자(善男者) 선여인(善女人)으로 광명을 발합시다.

살인자 앙굴리마라(앙굴리마라경)

사밧티[城]의 한 외도(外道, 異敎徒) 스승 밑에 500명의 제자가 있었는데 그 가운에 앙굴리마라[Aṅgulimāla, 央掘摩羅]는 상수(上首)제자로서 뜻이 굳고 스승의 가르침에 충실하였다. 그러나 앙굴리마라는 스승 부인의 유혹을 거절하였다가 도리어 모함에 빠져 스승의 분노를 사게 되었다.

스승은 그를 파멸시키기 위하여 이렇게 명하였다.

"그대의 공부가 이제 성숙하였으니, 최후의 시험을 거쳐야 한다. 칼을 가지고 새벽에 거리로 나가서 오전 중으로 사람 100명을 죽이고, 손가락 한 개씩을 끊어서 꽃다발을 만들어 머리에 쓰고 돌아오면, 그대는 즉시 성자가 될 것이다."

사밧티 거리는 갑자기 공포의 천지로 바뀌었다. 미친 살인자가 사람을 닥치는 대로 죽였다. 정오가 가까워오자 살인자는 조바심이 났다. 백 명에 한 사람이 부족하였기 때문이다.

이 소식을 듣고 석가모니께서는 곧 그 현장으로 나아가셨다.

"세존이시여, 그리로 가지 마옵소서. 흉악한 도둑이 사람을 죽이고 있습니다."

세존께서 고요히 말씀하셨다.

"설사 삼계(三界)가 모두 도둑이라도 두렵지 않거든 하물며 한 명의 도둑이랴."

이 때 아들 소식을 들은 앙굴리마라의 어머니가 울면서 아들 곁으로 달려왔다. 미친 도둑은 그 어머니를 해쳐 마지막 하나를 채우려 달려 들었다.

석가모니께서 곧 그 어머니를 가로막고 나섰다. 미친 도둑은 칼을 치켜들고 석가모니께로 쫓아갔다. 그러나 아무리 해도 석가모니를 따라잡을 수가 없었다.

허둥대던 미친 도둑이 큰 소리로 외쳤다.

"사문아, 게 섰거라."

세존께서 고요히 대답하셨다.

"나는 여기 머무는데, 그대가 머물지 못하는구나."

세존께서는 다시 게송(偈頌)으로 노래하셨다.

"세존은 언제나 스스로 머물러서
모든 중생이 은혜를 입건마는
그대 지금 스스로 죽일 마음을 내어
악행 (惡行)도 가리지 않는구나."

앙굴리마라는 문득 제 정신이 들었다. 석가모니 발 앞에 엎드렸다.

"원하나이다. 세존이시여, 저의 죄를 용서하소서. 저를 불쌍히 여기사, 저의 출가를 허락하소서."

석가모니께서는 그의 피묻은 손을 잡으시고 말씀하셨다.

"어서 오너라. 벗이여, 여기에 법(法)은 잘 설해졌다."

사문(沙門)이 된 앙굴리마라는 이튿날 대중들과 함께 거리로 탁발(托鉢, 걸식)하러 나가니, 거리는 온통 공포와 분노로 술렁거렸다.

그가 마침 어느 집을 찾았을 때, 그집 부인이 산실(産室)에서 막해산하려 하다가 그가 왔다는 소리를 듣고 너무 놀라서 해산도 못하고 사경에 빠졌다. 그집 사람들이 화가 나서 달려나와 그를 구타하여 내쫓았다.

앙굴리마라는 피를 흘리며 기원정사(祇園精舍)로 쫓겨왔다. 그는 석가모니 앞에 나아가 울며 말씀드렸다.

"세존이시여, 저는 희망이 없습니다."

세존께서 곧 말씀하셨다.

"선남자(善男子)여, 그대는 지금 곧 그 여인에게 달려가서 이렇게 말하여라.

나는 이 세상에 난 뒤로, 아직 하나의 산 목숨도 죽인 일이 없습니다. 이 말이 사실이라면 부인께서는 편안히 해산하실 것입니다."

"세존이시여, 저는 아흔아홉 사람을 죽였습니다. 어찌 다시 거짓말을 하오리까?"

"선남자야, 부처의 길에 들어오기 이전은 곧 전생(前生)이니라. 이 세상에 난다는 것은 부처의 길에 들어와 발심(發心)한 뒤를 이르는 것이니라."

10과 • 말 한마디가 죄인을 만든다

"마음이 모든 일의 근본이 된다. 마음이 주(主)가 되어 모든 일을 시키나니 마음 속에 악(惡)한 일 생각하면 그 말과 행동도 또한 그러하리라. 그 때문에 괴로움이 그를 따르리. 수레를 따르는 수레바퀴의 자취처럼."
―법구경 심의품―

탐구과제
- 말 한마디의 위력이 얼마나 강한 것인가를 깨닫습니다.
- "인간은 죄인이다."라는 원죄설(原罪說)의 과오가 무엇인가를 검토합니다.
- 어떻게 나쁜 생각, 나쁜 말을 좋은 생각, 좋은 말로 바꿀 것인가를 생각하고 실천해 갑니다.

연희의 복수

1 어느 여학교 박 선생님의 체험.

박 선생님은 여고 2학년 담임를 맡았는데, 학기초에 문제가 생겼습니다. 돈을 만여 원 잃어버린 도난 사고였습니다. 학기초, 여학교 도난이라 기분이 안 좋았지만, 우연한 실수쯤으로 가볍게 처리하고 지나쳤습니다.

얼마 뒤에 또 도난 사고가 발생했습니다. 한 피해 학생의 보고를 듣고 조사를 해보니까 두 달 남짓한 사이 십여 건의 도난이 계속되었습니다. 학급 학생들은 서로 경계하고 눈치를 살피는 등 분위기도 많이 흐려졌습니다. 그 때 어느 학생이 박 선생님에게 와서 문제의 장본인은 연희라고 귀뜸을 해주었습니다. 박 선생님도 연희에 대한 인상이 별로 좋지 않은 터라, 속으로 틀림없구나 하고 낙인찍고 있었습니다.

연희를 보는 박 선생님의 눈은 자연 날카로워지고 따뜻하게 대할 수가 없었습니다. 특히 항상 긴장해 있는 연희의 눈이 마음에 걸려서 한번은 개인 상담을 하면서 "너는 눈에 문제가 있다."고 지적해주기까지 했습니다.

2 그 얼마 뒤 또 도난 사고가 나서 학급이 발칵 뒤집혀졌습니다. 학급 학생들이 들고 일어나고 몇몇 학생들은 연희 소행이 틀림없다는 말을 이구동성으로 하며 그 동안의 몇 가지 물증(物證)까지 제시해왔습니다.

박 선생님도 참다 못해서 연희를 불러 다그쳤지만 연희는 완강히 부인했습니다. 생각 끝에 박 선생님은 교도실 상담 선생님과 상의하게 되고, 연희를 상담 선생님에게 부탁했습니다.

잠시 뒤 상담 선생님의 연락을 받고 간 박 선생님은 깜짝 놀랐습니다. 연희가 순수히 털어놨던 것이지요. 그러나 정작 박 선생님을 놀라게 한 일은 상담 선생님의 다음 이야기였습니다.

"박 선생님께서 연희를 미워하셨다지요."

"네, 의식적으로 미워한 건 아니지만, 좋게는 생각 안 했습니다."

"그게 원인이에요. 연희는 담임 선생님한테 사랑받고 싶었는데, 담임이 자기를 사랑해주지 않고 또 의심하고 있다는 것을 알고나서는 담임 선생님을 골탕 먹이기 위해서 계속 그런 짓을 했다는 것입니다."

3 박 선생님은 자기 과오를 스스로 뉘우치면서 신기한 생각이 들기도 해서 물어 보았습니다.

"선생님은 어떻게 그렇듯이 간단하게 사실을 밝혀 낼 수 있었

"먼저 연희한테 말했죠. '선생님은 연희를 믿고 있다. 한번 실수로 그럴 수도 있는 거니까, 그렇다고 네가 죄인이 되는 것도 아니야.' 연희는 다짐해오더군요. '나를 사랑해주실 수 있습니까? 이 비밀을 담임 선생님 이외에는 절대 말하지 않으시겠느냐?'고 말입니다. 그래서 나는 그렇게 약속했습니다."

말 한마디의 위력

4 "너는 죄인(罪人)이야. 너희는 큰 죄(罪)를 지었어."
 우리는 흔히 이런 소리를 스스로 남에게 하기도 하고 남에게서 듣기도 합니다. 우리는 너무 오랫동안 여기 저기서 '죄, 죄인'이라는 얘기를 듣고 살아왔기 때문에 누가 우리더러 "너는 죄인이야."하고 호통치면 우리는 그만 겁을 집어 먹고 수치심으로 몸을 움츠리고 맙니다.
 더욱이 그것이 종교나 지도자의 권위를 빌려서 육박해올 때 우리는 너무도 초라하게 가련한 짐승처럼 굴복하고 맙니다.

5 "인간은 모두 죄인이야. 원죄(原罪)의 굴레를 쓰고 태어났어."
 이렇게 원죄론(原罪論)을 강하게 주장하는 분들도 많이 있습니다. 인간의 죄를 염려하는 그 동기는 이해하지 못할 바도 아니지만, 그러나 원죄를 인간의 숙명적 조건이라고 못박아서 공공연히 선전하는 것은 다시 생각해 볼 심각한 문제가 있습니다.
 그 문제의 하나는 우리들 마음에 무서운 죄의식을 심어준다는 것입니다.
 "인간은 원죄를 타고 났어. 너는 죄인이야."

이 한마디 말이 실로 무서운 힘을 가지고 화살처럼 그 가슴에 꽂힙니다. 그 마음이 죄의 씨앗을 심고 그 생각이 죄의 가시를 키우며, 그 마음이 죄의 꽃을 피우게 합니다.

6 "말 한마디가 뭐 그리 대단할까?"

벗이여, 행여 이렇게 소홀히 생각하지 마세요.

말은 말 그 자체로 대단한 위력을 발휘합니다. 말 한마디가 사람을 살리기도 하고 죽이기도 합니다. 말 한마디로 세계 대전이 벌어지기도 하고 인류 평화가 회복되기도 합니다. 말 한마디가 죄인을 만들기도 하고, 선인을 만들기도 합니다.[1]

"너는 눈에 문제가 있어."

이 한마디가 연희 가슴에 죄의 불길을 당겼습니다.

"선생님은 연희를 믿고 있어. 한번 실수로 그럴 수 있는 거니까, 그렇다고 해서 네가 죄인이 되는 것도 아니야."

상담 선생님의 이 따뜻한 한 마디가 연희를 착한 사람으로 돌려 놓은 것입니다.

7 "너는 나쁜 아이로구나. 너는 도둑이야. 너는 천성이 잘못 되었어. 어서 잘못했다고 바른 말 해."

벗이여, 한번 생각해 보세요. 저 선생님이 만일 이렇게 연희를 도둑으로 단정하고 자백을 강요했더라면 연희는 결국 어찌되겠습니까. 강요된 자백, 강요된 참회에 의하여 연희가 새로워 질 수 있겠습니까.

가장 중요한 것은 "너는 죄인이야." 이렇게 단정해서 말하지 말

---

1) 세존께서는 말[口業]의 힘을 매우 크게 생각하시어 10악업(十惡業)가운데 4가지를 말에 관한 것으로 규정하셨다. 10악업은 1. 살생 2. 도둑 3. 사음(간음) 4. 거짓말 5. 이간질 6. 욕설 7. 꾸미는 말 8. 탐욕 9. 성냄 10. 어리석음 등이다. 이것을 하지 않는 것이 10선업(十善業)이다. 『수십선계경』

아야 한다는 진실입니다. 어떤 죄를 범했을지라도 "너는 죄인이야." 이렇게 단정지어서 말해서는 안 된다는 진실입니다.

무슨 까닭인가?

말은 곧 씨앗이고 말은 곧 문(門)이기 때문입니다. 그래서 '말씨'라 하고 '말문'이라 하지 않습니까? 착한 말은 선(善)의 씨앗이 되고 악한 말은 악의 씨앗이 됩니다. 축복의 한마디는 행복의 문을 열고 저주의 한마디는 파멸의 문을 엽니다. '착하다, 착하다'하면 착해지고 '나쁘다, 나쁘다'하면 나빠지고 맙니다.

세존께서 경책(깨우침)하십니다.

"만약 너희가 망령된 말을 하지 않으면 마치 감로수와 같아서 너희가 모두 사랑하고 즐거워하여 자신과 남을 다 이익되게 하고 망령된 말을 하면 마치 독약과 같아서 자신과 남을 손상시키고 번뇌케 하여 평화를 얻지 못하리라."
　　　　　　　　　　　　　　　　　　　　　　　　－묘법성념처경－

사지를 갈갈이 찢을지라도

8 말은 참으로 무서운 예언입니다.

성공과 파멸을 결정하는 예언입니다. 그런 까닭에 세존께서는 항상 "구업(口業)을 짓지 말라, 사랑스런 말〔愛語〕을 하라." 이렇게 경책하시고 당부하십니다.[2] 구업은 '나쁜 말, 독한 말, 부정적인 말' 이런 뜻이지요.

---

2) "착한 사람들은 가장 좋은 말을 한다. 이것이 첫째다. 법(法 : 진리)을 말하고 비법(非法 : 비진리)을 말하지 말라. 이것이 둘째다. 좋은 말을 하고 좋지 않은 말을 하지 말라. 이것이 셋째다. 진실을 말하고 거짓을 말하지 말라. 이것이 넷째다."　　　　『숫타니파아타』「대품」－훌륭하게 말해진 것

평소에 공경하는 두 분 스님이 계십니다. 한 스님은 뵈올 때마다 "김 선생님, 요새 좋은 일 많이 하시는 줄 알고 있습니다. 내가 도와드릴 게 없을까요?"하시고 제3자 얘길해도 "아, 그분 참 훌륭한 분이십니다. 도와드리세요."하십니다. 또 한 스님은 법회에서나 사담(私談)할 때 항상 남의 잘못된 결함만 지적해서 시원하게 공박하시고, 제3자 얘기가 나오면 "그 양반은 이래서 틀렸고, 저 친구는 저래서 재미없어." 이런 식입니다. 십여 년이 훨씬 지난 지금 한 스님 곁에는 많은 대중들이 동참해서 큰 불사(佛事)를 훌륭하게 성공시켜 가고, 또 한 스님은 고생은 죽도록 하시는데 성과는 별로 없고, 옆에 사람이 없습니다. 더 정확히 표현하면 두 분 스님의 얼굴 색깔부터 크게 달라보입니다.

9 구시나가라 최후 유교(遺敎)에서 세존께서는 제자들에게 이렇게 간곡히 당부하고 계십니다.

"수행자들아, 사람이 와서 사지를 갈갈이 찢을지라도 마땅히 스스로 마음을 거두어서 성내고 원망하지 말라. 또 입을 지키고 악한 말을 하지 말라."

또 이렇게 권면하십니다.

"나쁜 말을 멀리 떠나서, 자신도 해치고 남도 해치는 일을 벗어나라. 착한 말을 닦고 익혀서, 자신도 이롭게 하고 남도 이롭게 하는 길로 갈 것이니라."
－대아미타경－

10 "인간은 원죄를 타고 났어. 너희는 죄인이야."
아무리 좋은 선도(善導)의 뜻으로써 하는 말이라도 이것은 분명 악한 말, 독한 말입니다. 이미 관찰한 바와 같이 사람의 행위와 생활을 만들어가는 동력(動力)은 '생각의 힘, 마음의 힘'입니다.

"내가 죄인이다. 나는 죄인으로 낙인 찍혔어." 만일 우리가 스스로 이런 죄의식, 잠재 의식을 갖고 살아간다면 우리는 끊임없이 죄의 유혹을 받게 되고, 죄짓도록 암시받게 됩니다.

11 인간의 마음속에 죄의식을 심어주는 것은, 마치 흰 바탕의 천을 검게 물들이는 것처럼 무서운 악의 씨앗을 심어주는 것이 됩니다.
저 『법구경(法句經)』 말씀을 다시 한 번 생각해 봅니다.

"마음이 모든 일의 근본이 된다.
마음이 주(主)가 되어 모든 일을 시키나니,
마음속에 악한 일 생각하면
그 말과 행동도 또한 그러하리라.
그 때문에 괴로움은 그를 따르리.
수레를 따르는 수레바퀴의 자취처럼."
―법구경 심의품―

회향발원(악한 말 하지 않겠습니다)

　자비하신 부처님,
　돌이켜 보면, 저희들은 알게 모르게 남을 의심하고 남을 과소평가하고 남을 부정하며 남을 비난하고 남을 험담해왔습니다. 이렇게 하여 서로 죄인을 만들고 서로 악인을 만들어 놓고 "네가 죄인이야." "아냐, 네가 나쁜 놈이야." 이렇게 싸우고 있습니다.
　항상 함께하시는 자비하신 부처님,
　이제 저희들 남을 나쁘게 생각하지 않겠습니다. 명백한 증거없이 남을 의심하고 남을 욕하지 않겠습니다. 비록 사지를 갈갈이 찢길지라도 악한 말 하지 않겠습니다.
―석가모니불 정근―

찬불가 부처님 마음일세

내용익힘

1. 다음 문장을 완성해봅니다.
   ① (　　)은 모든 일의 근본이 된다. (　　)이 주(主)가 되어 모든 일을 시키나니, (　　)속에 악한 일 생각하면 그 (　　)과 (　　)도 또한 그러하리라. 그 때문에 (　　)이 그를 따르리. (　　)를 따르는 (　　)처럼.
   ② "인간은 (　　)를 타고 났어. 너는 (　　)이야." 이 한마디 말이 실로 무서운 (　　)을 가지고 화살처럼 (　　)에 꽂힙니다. 그 마음이 (　　)의 씨앗을 심고 그 마음이 (　　)의 가시를 키우며, 그 마음이 (　　)의 꽃을 피우게 합니다.
   ③ 말은 참으로 무서운 (　　)입니다. 성공과 파멸을 결정하는 (　　)입니다. 그런 까닭에 세존께서는 "(　　)을 짓지 말라 (　　)말을 하라." 이렇게 경책하십니다.
2. 다음 물음에 간결하게 답합니다.
   ④ "인간은 본래 죄인이다."라는 원죄설의 폐단은 무엇인가?

   ⑤ "구업(口業)을 짓지 말라."가 무슨 뜻인가?

   ⑥ 누가, 무엇이 죄를 만드는가?

교리탐구　사섭법(四攝法)이란 무엇인가?

실천수행　명백한 증거없이 남을 의심하거나 비난하지 아니 하며 가정과 직장에서 남을 헐뜯는 나쁜 말 하지 않기를 맹세코 실천해간다.

11과 • 선남자 선여인아!

"선남자 선여인들아!
일체 중생의 마음이 본래청정(本來淸淨)하니라." －증지부경－

탐구과제
- 죄의식·공포의식이 인간을 어떻게 변질시키는가를 관찰합니다.
- '본래청정'을 주장하는 불교의 인간관이 우리 자신을 어떻게 변화시키는가를 생각합니다.
- '선남선녀(善男善女)'의 참뜻을 이해하고 이렇게 부르기를 생활화합니다.

공포가 잔인을 낳는다

12 "인간은 본래 죄인이다." 이런 원죄론이 끼치는 나쁜 영향의 또 하나는 죄의식은 필연적으로 공포의식을 불러일으킨다는 것입니다. 도스토예프스키(Dostoevskii, 19세기 러시아 문학가)의 '죄와 벌'이란 소설 제목처럼 '내가 죄인이다.'라는 생각은 '나는 벌받을 것이다.'라는 공포를 감추고 있습니다.
 "나는 죄인이다. 벌받을 것이다."
 이런 생각을 '징벌의식(懲罰意識)'이라고 부르거니와[1] 더욱 두려운 것은 이러한 징벌의식 곧, 공포는 인간의 행동을 잔인하게 만든다는 것입니다.

---
1) '신(神)의 징벌을 받을 것이다.'라는 의식을 '신벌의식(神罰意識)'이라고 한다.

13 범죄심리학자들의 분석 결과를 보면, 잔인한 범죄의 동기는 공포심이라고 합니다. 벌받을 것이라는 징벌의식·공포의식 때문에 단돈 몇천 원 절도범이 들키면 살인까지 한다는 것이지요.

가만히 살펴보면, 앙굴리마라의 저 잔인한 살인행위도 공포심 때문에 비롯된 것임을 알 수 있습니다. 스승으로부터 벌받을 것이라는 공포의식이 그의 이성을 마비시키고, 스승의 암시하는 힘에 이끌려 아흔아홉 사람을 죽이게 한 것이죠. 일종의 최면상태(催眠狀態)라고 할 수 있습니다.

14 이러한 죄의식·공포의식이 종교적인 신앙과 결부되면, 더욱 무서운 결과를 가져올 수도 있다는 사실을 우리는 역사에서 배우고 있습니다.

몇년 전 세계를 놀라게 했던 미국의 인민사원교회(人民寺院敎會)사건을 우리는 아직도 기억하고 있습니다. 죤즈라는 지도자가 이끄는 1,600여 명의 신도들이 신(神) 앞에 속죄하고 천국으로 가기 위해서 집단 자살을 감행했습니다. 자살인지 타살인지, 수십 명의 동반죽음을 초래한 구원파의 오대양 사건도 잘 기억하고 있습니다.

15 죄의식, 공포의식은 이처럼 잔인하고 무서운 것입니다. 신(神)의 징벌을 두려워한다든지 죽음, 질병, 실패 등을 두려워할 때 인간은 가장 약해지고 이성을 잃게 되며 조그마한 암시 앞에서도 맥을 못추고 무서운 짓을 능히 하게 됩니다. 용왕(龍王, 바다의 신)의 벌을 받을 것이라는 환상적인 공포 때문에, 그들은 인당수(印塘水) 깊은 물에 심청(沈淸)이를 던져넣고 있지 않습니까?

20세기의 위대한 양심 러셀 경(B. Russel 卿)은 이렇게 지적하고 있습니다.

"공포가 모든 바탕을 이루고 있습니다. 불가사의(不可思議, 신·절대자·신비 등)에 대한 공포, 실패의 공포, 죽음의 공포와 같이 공포는 잔인의 어버이입니다. 따라서 잔인과 종교가 나란히 가는 것도 이상한 것이 못됩니다. 그것은 공포가 이 두 가지(종교와 잔인)의 바탕이기 때문입니다."[2]

16 신앙이 아무리 훌륭한 것이라 할지라도 러셀 경(卿)의 지적과 같이 공포가 그 바탕을 이룬다면, 인간은 이성을 잃고 스스로 자살하거나 남을 불에 태우는 등 잔인한 오류를 범하게 됩니다.[3] 여기에 맹목적인 신앙(盲信-맹신)의 위험성이 있습니다. 우리는 "부처님을 믿는다, 신을 믿는다."라고 말하지만 "과연 우리는 참 부처님을 믿는가? 참 신을 신앙하는가?" 하고 깊이 생각해볼 필요가 있습니다.
왜?
흔히 우리는 '잘못하면 벌주시는 부처님, 징벌하시는 하느님'이라는 그릇된 상념으로 부처님이나 신(神)의 실상(實相)을 왜곡시키고 있기 때문입니다.
다니구찌 씨는 이렇게 논하고 있습니다.

"지금까지 신이라는 것을 믿고 있어도 신이란, '노여워하는 것이다, 벌을 내리는 것이다.'하고 생각하고 있었으므로 신의 노여움, 곧 신벌(神罰)이라는 것이 오리라고 생각했습니다. 그렇기 때문에 신벌은 있다는 관념이 필름이 되어, 비치는 영화가 밝고 건

---

2) B. Russel, 『왜 나는 기독교인이 아닌가?』 世界의 大人物全集, 한림출판사, 1974, 11권, p.356
3) "이 전체 교리, 즉 불이 죄에 대한 형벌이라고 하는 이 교리를 나는 잔인의 교리라고 보고 있음을 말하지 않을 수 없습니다. 이는 잔인성을 이 세상에 퍼뜨린 교리이며, 여러 세대의 잔인한 고문을 이 세상에 남겼습니다." B. Russel, 앞의 책, p.354

강한 것이 되지 못한 것의 원인이 되었던 것입니다."⁴⁾

본래청정(本來淸淨) 선언

17 프로이드(S. Freud, 20세기 오스트리아의 심리학자)·융(C. Jung, 20세기 스위스 심리학자)같은 정신분석학자(精神分析學者, Psychoanalysist)들의 연구보고에 의하면, 인간의 행동을 지배하는 결정적인 힘은 '무의식' 곧 '잠재의식'이라고 합니다. 이 무의식의 덩어리가 마치 거대한 빙산처럼 우리 마음의 바다 속에 숨어서 우리들의 의식과 행동과 습관을 지배하고 있습니다.

이러한 학설의 원류(源流)를 우리는 불교의 아뢰야식 사상(阿賴耶識思想)에서 발견할 수 있습니다. '아뢰야식'은 인도 원어〔Sanskrit 語〕 'Ālaya-vijñāna'를 소리대로 옮긴 것인데, 뜻으로는 '장식(藏識)'이라고도 번역합니다.⁵⁾ '아뢰야식'은 우리 생각의 밑바닥에서 우리 생각과 행위를 지배하는 '마음 덩어리'라고 보면 좋습니다.

18 우리가 일상 생활의 과정에서 눈·귀·코·혀·몸·생각 등 감각기관을 통하여 보고 듣고 느끼고 하는 모든 상념들은 사라지는 듯하지만 결코 사라지지 않고, '마음 덩어리' 곧 '아뢰야식' 가운데 침전되어 감추어져 있습니다. 그래서 '장식(藏識), 감추어진 생각'이라고 한 것인데 잠재의식과 같은 뜻이지요.

이렇게 감추어진 '마음 덩어리〔아뢰야식, 잠재의식〕'가 우리 생

---

4) 다니구찌, 『生命의 實相』 3권, p. 40
5) 김동화, 『佛敎學槪論』, pp. 168~188

각과 행위의 명령자가 되어서 끊임없이 강력한 암시를 보내고 있습니다. 무심코 하는 듯한 언행 습관, 성격 등이 실로 이 '마음 덩어리'의 암시에 따라 감추어진 생각들이 하나하나 밖으로 나타나는 것입니다. 이 '마음 덩어리'를 바꾸지 아니 하고 '무엇을 하겠노라'고 결심하고 맹세해도 이것은 작심삼일(作心三日)이 되고 맙니다.

19 지금 이 세상에서 많은 사람들이 죄의식·공포의식 때문에 죄 짓고, 두려워하며, 자학(自虐)하고, 남을 해치고 있습니다. 자기도 의식하지 못하는 사이에 큰 죄의 함정에 빠지고 잔인한 짓을 저지르는 사람들은 실제로 죄의식·공포의식이라는 감추어진 마음 덩어리의 희생이 되고 있는 것이지요. 이유 없는 범죄가 늘고 있다고 하지만 결코 이유가 없는 것이 아닙니다. 죄의식·공포의식으로 손상된 그들의 '마음 덩어리'가 궁극적인 원인이고 이유입니다. 씨앗이고, 종자(種子)입니다.[6]

20 그럼 어떻게 할 것인가? 우리 사회에 바퀴벌레처럼 번져가는 범죄와 잔인을 근원적으로 치유하는 길은 무엇인가?
   이제 그 대답은 자명(自明)합니다.
   무엇인가?
   곧 죄의식을 뽑아버리는 것입니다. 우리들의 '마음 덩어리'로부터 죄의식의 뿌리를 남김없이 뽑아버리는 길밖에 다른 방법이 없습니다.
   왜?
   이 죄의식이 씨앗이니까요. 이 죄의식이 씨앗이 되어서 공포의

---

6) "이 가운데 무엇을 종자라고 하는가? 이 식(識, 아뢰야식) 가운데 저마다 다른 결과를 만들어 놓는 것을 일러서 종자라고 한다." 『성유식론(成唯識論)』 2

나무를 키우고, 잔인의 열매를 맺게하는 것이니까요. 그런 까닭에 마땅히 씨앗되는 죄의식을 뽑아버려야 하는 것입니다.

"어떻게 할까? 이 무서운 죄의식의 씨앗을 대체 어떻게 뽑는단 말인가?"

이렇게 근심에 잠겨 있을 때, 문득 세존께서 부르시는 목소리가 우뢰처럼 진동해옵니다. 우리는 깜짝 놀라 세존을 바라 봅니다.

"선남자 선여인들아!
일체 중생의 마음이 본래청정(本來淸淨)하니라."   —증지부경—

21 "본래청정(本來淸淨).
    너희 마음은 본래로 맑고 깨끗하니라."

이 한 말씀은 죄의식, 공포의식의 씨앗을 한순간에 파(破)하는 진리 선언입니다.[7]

'본래청정.'

이 한 말씀은 나와 당신의 마음 덩어리에서 '원죄(原罪)' '성악(性惡)' '징벌(懲罰)' 등 온갖 어둔 상념의 뿌리를 한 찰나에 뽑아버리는 광명선언(光明宣言)입니다.

'본래청정.'

이 법을 통하여 세존께서는 우리들의 마음 덩어리를 찬란한 부처 마음, 불성 마음으로 회생시켰습니다.

'본래청정.'

이 법을 통하여 나와 당신은 천진무구(天眞無垢)한 진리 생명,

---

7) 본래청정한 이 마음을 '불성(佛性)' 『열반경』· '진여(眞如)』『기신론』· '일심(一心) 원효, 『대승기신론소』· '진심(眞心) 보조, 『진심직설』· '본원청정심(本源淸淨心) 황벽, 『전심법요』· '일물(一物) 서산, 『선가귀감』······이라 부른다. 그 근본정신은 우리 참마음은 어떤 장애로도 결코 오염되지 않음을 밝힘에 있다.

광명 생명으로 회생하였습니다.

22 '본래청정.'

 이것은 정녕 최고의 축복이고 은혜입니다. 이 은혜를 통하여 얼마나 많은 앙굴리마라들이 죄와 벌의 공포를 허물처럼 벗어버리고 새 생명으로 돌아왔는가를 생각하면서 우리는 가슴 두근거리는 기쁨과 행복을 가눌 수 없습니다.

 전 북괴군 노령지구 사령부 제11유격부대 문화부장을 지낸 남영찬(南永讚, 본명 羅倫柱) 님은 사형수로서 20년을 암흑 속에서 자포자기해오다가 박삼중 스님의 인도로 부처님을 만나고 본래청정한 자신을 회복하였습니다.

 그는 지금 이렇게 고백하고 있습니다.

 "나는 법사(法師)님을 만나기 전에는 죽어 있었습니다. 나의 가슴, 그리고 마음에는 죽음이 서식하고 있었습니다. 이 죽음이 나의 생명을 지배하면 기구한 나의 운명이 마감되리라 생각하고 있었습니다. 그러나 법사님의 말씀처럼 육체란 것이 헌옷에 불과하고, 진아실상(眞我實相, 깨끗한 참된 나)이란 것이 따로 존재하고 있다는 말을 듣고 나는 다시 태어난 것입니다.[8]

벗이여, 선남 선녀여

23 "선남자 선여인들아!"

 부처님은 나와 당신을 부르실 때 항상 이렇게 부르고 계십니

---

8) 박삼중,『참새와 사형수』서음 출판사, 1980 p.15

다. 이 부름을 줄여서 보통 '선남선녀들'하고 부르거니와 이 부름 속에 부처님의 생명관, 인간관이 여실히 나타나고 있습니다. 또한 불교의 인간관, 우리 불자들의 인간관이 여실히 간직되어 있습니다.

"선남자 선여인들아."

이 부름 속에는 세 가지 뜻이 스며 있습니다.

첫째, 나와 당신은 저 먼 전생(前生)으로부터 착한 일〔善業〕을 많이 해서 선의 뿌리, 선의 공덕〔善根功德〕을 쌓아온 결과 훌륭한 사람 몸으로 태어났습니다.

둘째, 지금 여기에서 한 때 과오를 범하고 죄짓더라도 본래 청정한 불성은 조금도 손상됨이 없으니, 마음을 돌이켜 더욱 열심히 선근 공덕을 쌓아갈 것입니다.[9]

셋째, 부처님 법을 좇아 부지런히 선근 공덕을 쌓아가면 우리는 이승을 떠나 내생에 가서도 훌륭한 세상에 태어날 것입니다.

이런 까닭에 나와 당신은 진실로 선남자 선여인입니다.

24 "선남자야, 그대는 지금 곧 그 여인에게로 달려가서 이렇게 말하여라."

"나는 이 세상에 난 뒤로, 아직 하나의 산 목숨도 죽인 일이 없습니다. 이 말이 사실이라면, 부인께서는 편안히 해산할 것입니다."

이 한 말씀 듣는 순간, 앙굴리마라 속에 끈덕지게 잠재해 있던 죄의식의 씨앗이 흔적 없이 소멸되고 말았습니다. 오랜 세월 짊어지고 다니던 공포의식·징벌의식의 짐을 훌훌 벗어버리고 우리는

---

9) "사람이 아무리 타락하고 무지하여 스스로 이런 고귀한 본성을 갖고 있다는 사실을 깨치지 못하고 있더라도, 부처님께서는 그들에 대한 믿음을 거두시는 일이 없으시다. 왜냐하면 불성을 지니지 않은 사람은 결코 없기 때문이다."
『화엄경』「여래성기품」

홀가분하게 어깨를 털고 일어섰습니다. 잔인한 비극의 악몽은 메아리처럼 사라지고 모든 사람들의 얼굴 위에 부드럽고 고요한 미소가 잔잔한 물결인 양 번져갑니다.

이제 보리자(菩提子)는 말합니다.

"벗이여, 선남 선녀여,
'본래청정 본래청정'
이렇게 노래 불러요.
선한 마음과 입들을 모아
이렇게 노래하며 행진해요.
저 원죄가 지배하는
공포의 마을을 찾아 행진해요.

'선남 선녀여.'
벗이여, 이렇게 서로 불러요.
저 무심한 형제들의 손을 잡고
이렇게 서로 불러요.
교도소 담장 안에서도
종로 뒷골목
부산 자갈치 시장
여수 갯벌에서도
이렇게 서로 불러요."

회향발원(벗이여, 선남 선녀여!)
　자비하신 부처님,
　저희들은 이렇게 부르겠습니다.
　"본래청정(本來淸淨) 본래청정(本來淸淨)."

저희들은 이렇게 노래하겠습니다.

죄의식·공포의식 훨훨 벗어버리고 '벌주는 신(神), 심판하는 하느님'
이라는 어둔 생각을 말끔히 씻어버리고 맑고 깨끗한 마음으로 벗들을
관(觀)하고, 고요하고 편안한 마음으로 내 미래를 관(觀)하겠습니다.
저 앙굴리마라가 진실로 한 사람도 죽인 일이 없는 선남자임을 관
(觀)하겠습니다.

찬불가 자비방생의 노래

내용익힘

1. 다음 문장을 완성해봅니다.
    ① '선남자 선여인들아! 일체중생의 (   )이 (   )하니라.'
    ② 지금 이 세상에서 많은 사람들이 (   )·(   )때문에 죄짓고
    두려워하며 자학하고 남을 해치고 있습니다. 자기도 의식하지 못
    하는 사이에 큰 (   )의 함정에 빠지고 (   )짓을 저지르는 사
    람들을 실제로 (   )·(   )이라는 감추어진 (   )의 희생이
    되고 있는 것이지요.
    ③ '본래청정(本來淸淨)', 이 한 말씀은 (   )·(   )을 한순간에 파
    하는 (   )입니다. 이 한 말씀은 나와 당신의 마음 덩어리에서
    (   )(   )(   ) 등 어둔 상념의 뿌리를 한 찰나에 뽑아버
    리는 (   )입니다.
2. 다음 물음에 간결하게 답합니다.
    ④ 종교재판, 종교전쟁, 집단자살 등 종교집단의 잔인성은 어디서
    생겨나는 것인가?

    ⑤ '본래청정(本來淸淨)'선언은 우리를 어떻게 변화시키는가?

⑥ 붓다 석가모니께서는 왜 "앙굴리마라는 한 사람도 죽인 일이 없다."고 하시는가?

교리탐구 아뢰야식이 무엇인가?

실천수행
 법회에서 교도소·소년원과 자매결연하고 대중들과 함께 정기적으로 찾아가 함께 법회 보고 벗들의 신행생활을 도울 방법을 찾아 실천한다.

12과 • 인과응보의 삼엄한 질서

"대저 사람들은 뿌린 대로 거두리라. 선(善)을 행한 자는 선한 열매를 거두고 악(惡)을 행한 자는 악한 열매를 거두니라. 너희는 씨앗을 뿌려 이것을 누리리라."

－상응부경－

탐구과제
- 인과응보(因果應報)의 참 뜻이 무엇인가를 이해합니다.
- 이 세상과 인생의 천차만별이 무엇 때문에 생겨나는가를 관찰합니다.
- 진실한 참회를 어떻게 할 것인가를 깨닫고 실천합니다.

업(業)이 근본씨앗

25 '본래청정.'

그렇다고 우리는 인간들의 무서운 죄악과 범죄의 심각성을 외면하려는 것은 아닙니다. "지금 나는 깨끗하다. 우리에게 아무 죄가 없다."이렇게 주장하려는 것이 아닙니다.

나 자신을 고요히 반조(返照)할 때, 나는 언제나 부끄러움을 금치 못합니다. 오늘 이 세상을 묵묵히 바라다볼 때, 우리는 더욱 두려움과 탄식을 감추지 못합니다.

왜?

알게 모르게 지은 죄업이 실로 하늘에 사무치기 때문입니다.

어버이가 자식을 버리고 자식이 부모를 해치는 이 참혹한 천륜(天倫)의 붕괴. 지아비가 지어미를 죽이고 지어미가 지아비에 독(毒)을 먹이는 이 처절한 인륜(人倫)의 전락.

제4장 죄인이 어디 있나? 153

　이 불륜(不倫)의 죄악 앞에 서서 우리는 참담한 절망과 동시에 성선설(性善說)에 대한 깊은 회의마저 절실히 느끼고 있습니다.
　부처님께서도 이 세상의 죄악을 깊이 염려하시고 악한 죄인에 대하여 단호히 꾸짖고 계십니다.

　"사람이 능히 몸의 계율과 마음의 지혜를 닦지 아니 하고, 작은 악업(惡業)이라도 지으면 이 악업의 인연으로 때가 되면 갚음(報)을 받으니, 이 사람이 작은 악을 능히 참회치 아니 하며, 자책하지 아니 하며, 부끄러워하지 아니 하며, 두려워하지 아니 하면, 이 작은 악업이 자라서 마침내 지옥의 과보〔地獄報〕를 받으리라."
ㅡ 열반경 ㅡ

26 "이 악업의 인연으로, 때가 되면 갚음(報)을 받으니."
　그렇습니다. 바로 이것이 인과(因果)의 법입니다. 인과응보(因果應報)의 엄연한 질서입니다.
　인과법(因果法)이 무엇인가?
　인과응보란 무슨 뜻인가?
　'인(因)'은 '씨앗'이고 '과(果)'는 '열매' '응보(應報)'는 '때가 되면 그 정도에 따라 되돌아 온다'라는 것입니다. 인과(因果), 인과응보는 '내가 씨앗을 심고 가꾸는 만큼, 틀림없이 그 열매가 내게로 돌아온다.'는 인생과 우주 자연의 대섭리를 뜻하는 것이지요.[1]

---

1) 인과는 인연과(因緣果)라고도 한다. 인(因)은 1차적인 원인·주된 원인이고, 연(緣)은 2차적인 원인·보조적 원인이다. 인과론(因果論)은 교학상 연기론(緣起論)이라고 흔히 지칭하는데, 이 연기론은 불교사상의 기초로서 석가모니가 만들어낸 것이 아니라 우주만물 본래의 대자연 법칙이다. "연기법은 내가 만든 것이 아니며, 또 다른 이가 만든 것도 아니다. 여래가 이 세상에 나오거나 아니 나오거나 이 세상에 항상 있는 것이며, 여래가 스스로 이 연기법을 온전히 깨쳐서 중생을 위하여 나눠 연설하고 드러내 보이느니라."『잡아함경』 12
김동화,『佛敎學槪論』, pp.143~316

세존께서 말씀하십니다.

"악한 업(業)을 지은 뒤에
갚음을 받아 스스로 뉘우치며
눈물 흘리고 슬퍼하나니,
그 갚음은 어디서 온 것인가.
착한 업(業)을 지은 뒤에 갚음을 받아 뉘우침 없고
스스로 복을 누려 기뻐하나니,
그 갚음은 어디서 온 것인가."

－법구경 우암품－

27 그 갚음은 어디서 온 것인가?

곧 인과에서 온 것입니다. 씨앗[因]이 자라서 열매[果]가 되어 스스로 갚아집니다.

무엇이 씨앗이고, 무엇이 열매인가?

씨앗은 곧 내가 하는 행위입니다. 이 행위를 보통 '업(業, karma)'이라고 하는데 우리들의 행위, 곧 업은 아주 강한 힘을 지니고 있어서 그 업의 강약에 따라 어떤 변화가 일어납니다.

"야, 바보야." 내가 당신에게 이렇게 말하면 당신은 금새 화를 내고 덤벼들어서 우리 둘은 불화의 고통을 당하게 됩니다.

이 때, 내 말은 업(業)으로서 씨앗[因]이 되고, 서로 싸우는 것은 열매[果]가 되고, 함께 고통을 받는 것은 갚음[應報]이 됩니다. 우리는 이러한 관계를 '업보(業報)'라고도 일컫습니다. '내가 저지른 행위[業] 때문에 갚음[果報]을 받는다.' 이런 뜻입니다. 그래서 "악한 업을 지은 뒤에 갚음을 받아 스스로 뉘우치며……, 착한 업을 지은 뒤에 갚음을 받아 뉘우침 없고……"하셨고 "이 악업의 인연으로 때가 되면 갚음을 받느니"하셨습니다.

28 "우리는 다 같은 인간으로 태어났는데 살아가는 모습이 왜 이

렇게 서로 다른가? 어떤 이는 오래 살고 어떤 이는 일찍 죽고, 어떤 이는 건강하고 어떤 이는 병으로 신음하고, 어떤 이는 행복하고 어떤 이는 불행하고, 어떤 이는 단정하고 어떤 이는 추하고……. 이런 천차만별은 어디서 오는 것인가? 이것은 운명인가? 타고난 사주팔자인가? 신(神)의 뜻인가? 이도 저도 아니라면 단지 우연에 불과한 것인가?"

도제(都提)의 아들 어린 스바 동자(童子)가 이렇게 고민하고 있을 때 세존께서 명쾌히 밝혀 말씀하십니다.

"동자야, 모든 생명있는 것은 각자의 업(業)이 있어, 그 업의 상속자이니라. 이 업을 모태(母胎, 胎臟―태장)로 하여 업에 얽매이고, 업을 의지할 바로 삼아서 모든 업이 모든 생명있는 것의 차별을 만들어내고 좋고 나쁜 우열(優劣)의 개성을 만들어내느니라."

―중부경 4―

29 "모든 생명자(生命者, 有情)는 제 업의 상속자, 업이 차별을 만들어내고, 업이 개성을 만들어낸다."

여기에 이르러 인류정신(人類精神)은 어둠을 박차고, 대명천지(大明天地) 밝은 세상으로 살아났습니다. 샤머니즘적(Shamanism的) 원시단계(原始段階)로부터 이성과 지성이 향도하는 철학과 과학시대로 비약하였습니다.

샤머니즘적 원시단계가 무엇인가? 모든 현상적 차별과 행(幸), 불행(不幸)을 사주팔자라고 자포자기하거나, 모든 것을 신의 뜻이라 하여 제물을 바치고 비는 것입니다. 신벌(神罰)을 피하기 위하여 전전긍긍하면서 잔인한 희생(犧牲)을 바치는 것입니다.

30 얼마 전 버마 아웅산 참사가 발생하고 그 희생자의 대부분이 독실한 종교인들이었다고 했을 때 많은 사람들이 회의에 빠졌습니다.

"신은 있는 것인가? 이것이 신의 뜻인가? 그렇게 착한 사람들이 저렇게 참혹하게 당하다니, 모두가 허사 아닌가?"

소련의 KAL기 격추사건으로 딸을 잃어버린 한 어머니는 비탄에 빠져 이렇게 울부짖었습니다.

"내가 절에 다니면서 지성으로 빌고 기도했는데, 이게 웬일인가? 부처님 믿어도 쓸 데 없구나."

그 비통한 어버이의 심정을 함께 아파하면서 우리는 고요히 명상합니다. 고요히 부처님 법을 경청합니다.

세존께서 우리들의 비통을 위로하고 새로운 분발을 격려하시면서, 저 비극의 원인을 명쾌히 밝혀 말씀하십니다.

"이 세상은 업(業)에 의하여 굴러가고, 중생도 업에 의하여 굴러간다. 중생이 업에 의하여 굴러감은 마치 수레가 축(軸)에 의하여 굴러감과 같으니라."[2]

─소부경 2─

뿌린 대로 거두리라

31 "이 세상은 업(業)에 의하여 굴러가고."

우리는 이 말씀을 깊이 생각할 것입니다. 업은 개인의 운명만 결정하는 힘이 아니라 나와 당신과 형제들이 함께 살아가는 이 공동체, 가정과 마을과 직장과 사회와 나라와 지구촌과 우주의 운

---

2) 업〔業, Karma〕은 행위(行爲), 조작(造作)의 뜻으로 어떤 행동을 할 때 생기는 변화시키는 힘〔세력〕을 가리킨다. 업의 종류는 다양하지만 1. 가치에 따라 ─선(善), 악(惡)·무기(無記, 선악의 중간성)의 업 2. 행위의 방법에 따라─신(身)·구(口)·의(意, 생각)의 업 3. 주체에 따라─불공(不共, 개인 홀로)·공(共, 대중이 함께)의 업으로 분류, 업에 의해서 중생과 세상이 변전한다는 학설을 업감연기설(業感緣起說)이라고 부른다.   김동화,『原始佛敎思想』pp. 238~250

명을 결정하는 강력한 힘입니다. 이러한 강한 업(業)을 '총보업(總報業), 공업(共業), 공동체 전체의 과보(果報)를 가져오는 업', 이렇게 부르거니와 우리가 행동[身業]과 말[口業]과 생각[意業]으로 짓는 선하고 악한 짓들이 하나하나 쌓여서 우리 공동체를 혹은 선하게, 혹은 악하게 만들어 갑니다.

자동차 공장의 어떤 기술자가 졸다가 나사 하나 잘못 조이면, 얼굴도 성(姓)도 모르는 철이 아버지가 고속도로에서 전복사고를 당하고, 북촌(北村) 도적들이 훔치려는 한 생각을 일으키면 남촌(南村) 순이네 집이 하루 밤 사이에 쑥밭이 되고 맙니다.

32 그래서 우리는 '동업중생(同業衆生)'입니다. '업(業)의 씨앗도 함께 뿌리고, 업(業)의 열매도 함께 거두는 형제들'입니다. 저 기술자와 철이 아버지가 동업중생(同業衆生)이고, 저 도적들과 순이네가 동업중생입니다. 아무리 밉다해도 북촌(北村) 사람들도 우리와 더불어 형제이고 북국(北國)의 사나운 곰들도 우리와 더불어 동업중생(同業衆生)입니다. 이것은 피할 수 없는 운명적 관계입니다.

무슨 까닭인가?
우리는 모두 한 생명의 뿌리에서 생명되어 나왔기 때문입니다. 천지만물이 법신이라는 한 모체(母體)에서 천지 만물되어 나왔기 때문입니다.

33 그래서 진실한 종교인들도 불운(不運)을 당하고 선량한 딸도 희생됩니다. 그것은 신(神)의 뜻도 아니고 허무도 아닙니다. 우리 공동체의 책임입니다.

이제 우리는 눈물을 거둘 것입니다. 탄식도 회의도 멈출 것입니다. 이 비극에서 인과응보(因果應報)의 엄연한 진실을 깨닫고, "우리가 동업중생으로서 어떻게 좋은 씨앗을 뿌릴 것인가?"를 참회하고 다짐할 것입니다. 우리는 결코 홀로 살 수 없다는 동체대비(同體大悲)의 깊은 뜻을 생각하고 행동할 것입니다.

세존께서는 이 진실을 일깨우시기 위하여 이 세상에 오셨고 지금 우리들 곁에서 외치고 계십니다.

"대저 사람들은 뿌린 대로 거두리라. 선(善)을 행한 자는 선한 열매를 거두고 악(惡)을 행한 자는 악한 열매를 거두리라. 너희는 씨앗을 뿌려서, 이것을 누리리라."
－상응부경 1－

34 인과응보는 삼엄한 자연의 섭리이고, 우주 만류의 엄숙한 질서입니다. 누구도 거역할 수 없습니다. 그래서 '인과법(因果法), 인과율(因果率)'이라고 부릅니다.

나는 정녕 심는 대로 거둡니다. 선인선과(善人善果) 악인악과(惡人惡果), 우리가 선하게 행동하면 선한 과보가 돌아오고, 악하게 행동하면 악한 과보가 돌아옵니다. 우리가 죄업(罪業)을 지으면 반드시 고통스런 과보〔果業〕를 받게 됩니다.

구시나가라 최후 유교(最後遺敎)에서 세존께서는 간절히 말씀하고 계십니다.

"선남자 선여인들아, 선인(善因)에서 선과(善果)가 생김을 알아라. 악인(惡因)에서 악과(惡果)가 생김을 알아서, 악인(惡因)을 멀리 떠나거라."
－열반경－

35 "악인(惡因)을 멀리 떠나거라."

세존의 저 간절하신 유언(遺言)을 듣고 우리는 정신차릴 것입니다. 인과율, 인과응보는 필연(必然)입니다. 절대로 피할 수 없습니다. 어디에 숨어도 피할 수 없습니다.

세존께서 경계하십니다.

제4장 죄인이 어디 있나? 159

"허공도 아니요, 바다도 아니다.
깊은 산 바위 틈에 숨어 들어도
일찍 내가 지은 악업의 재앙은
이 세상 어디에서도 피할 수 없느니라."
　　　　　　　　　　　　　－법구경 악행품－

36 "인과법도 믿을 수 없다. 죄지은 놈들도 잘만 살더라. 죽기는 다 마찬가진데."

벗이여, 행여 꿈에라도 이런 생각하지 마세요. 천만 틀린 생각입니다. 한 치 앞을 내다보지 못하는 장님 소견입니다. 아니, 눈먼 장님도 절대로 그렇게 생각하지 않습니다. 그런 생각은 패가망신(敗家亡身)을 자초하는 악마의 속삭임입니다. 인과응보는 시간 문제일 뿐입니다.[3]

하기야, 요즘 이 인과응보를 두려워하지 않고 제 편리한 대로 생각하고 행동하는 이들이 많지요. 심지어 불교 집안에서도 이 인과의 무서움을 믿지 않고 멋대로 행동하는 권속들이 없지 않습니다.

그러나 이들은 실로 불자가 아닙니다. 인과를 믿지 않으면 보통 사람도 못 되는데, 하물며 불자가 될 수 있겠습니까?

세존께서는 이들을 엄히 경책하십니다.

"일체 중생이 짓는 업은 비록 백겁(百劫)을 지나도 사라지지 아니 하여 때가 되면 그 과보를 마땅히 스스로 받으리라."
　　　　　　　　　　　　　－광명동자 인연경－

---

3) 업의 과보를 받는 시기에 2가지가 있다. 그 시기가 일정하게 정해져 있는 업을 정업(定業), 정해져 있지 않은 것을 부정업(不定業)이라한다. 정업에도 현생에서 받는 것(順現業)·내생에서 받는 것(順生業)·그 다음 생에서 받는 것(順後業) 등이 있다. 김동화,『佛敎學槪論』 p.154

37 작은 악의 씨앗일지라도 내 마음의 음지(陰地)에서 자라납니다. 세상 법(法)을 피하고 남의 눈을 다 속여도 제 속 마음이야 어찌 속입니까? 이 씨앗이 자라고 커서 내 양심을 파괴하고 내 생명을 침식합니다. 파멸은 다만 시간 문제일 뿐입니다. 그래서 "이 작은 악업이 자라서, 마침내 지옥의 과보〔地獄報〕를 받으리라." 이렇게 경고하셨습니다.

이 말이 미덥지 않거든 오늘 아침 신문을 펴 보세요. 텔레비전 뉴스를 새삼 보세요. 거기에 지옥의 통곡 소리가 들릴 것입니다.

"그릇된 죄가 익기 전에는
어리석은 사람은 꿀같이 생각한다.
그릇된 죄가 한창 익은 때에야
어리석은 사람은 비로소 괴로워한다."
—법구경 우암품—

이 몸을 부수는 참회 없이는

38 '본래청정(本來淸淨), 본래청정.'
"이 죄업의 세상에서 부처님께서는 왜 저토록 청정을 전파하시는가?" 하는 의문이 이제 분명히 밝혀졌습니다.
"선남자 선여인아."
굳이 이렇게 부르시는 부처님의 속뜻이 이제 명백해졌습니다.
본래청정을 전파함으로써 부처님께서는 나와 당신을 먼저 원죄의 죄의식으로부터 해탈(解脫, 해방 벗어남)케 하시고, 이제 마지막으로 우리를 무지(無知, 無明)와 번뇌의 불길로부터 해탈케 인도하십니다.
고요히 생각해보면, 우리 생명은 본래 맑고 깨끗해서 '원죄'라는 생각으로도 더럽힐 수 없고 '번뇌'라는 불길로도 태울 수 없을 것은 아주 명백한 이치입니다.

무슨 까닭인가?

우리는 불자이기 때문입니다. 우리는 찬란한 불성의 주인, 대광명의 주인이기 때문입니다. 우리 마음은 곧 불성이고 광명이기 때문입니다.

아무리 금강 구슬이 진흙 속에 버려져 있다 할지라도 그 진흙이 어찌 금강 구슬을 더럽힐 수 있겠습니까? 서울 상공에 공기오염이 심각하다 하지만 가을 비 한번 지나가면 서울 하늘은 영겁(永劫) 그대로 푸르고 푸르지 않습니까?[2]

그래서 부처님께서는 아흔아홉 사람을 죽인 앙굴리마라로 하여금 스스로 선언하게 하십니다.

"나는 이 세상에 난 뒤로, 아직 산 목숨을 죽인 일이 없습니다."

39 부처님 앞에 나서기 전은 어둠이며 혼미입니다. 어둠과 혼미 속에서 참된 삶을 찾을 수는 없습니다. 그것은 방황이며 전생(前生)입니다. 그것은 결코 삶(生)이 아닙니다.

부처님 앞에 나설 때, 우리는 광명과 진리 앞에 나섭니다. 이것이야말로 진정한 탄생입니다. 기사회생(起死回生)입니다.

그래서 세존께서 말씀하십니다.

"앙굴리마라야, 부처의 길에 들어오기 전은 곧 전생(前生)이니라. 이 세상에 태어난다는 것은 부처의 길에 들어와 발심(發心)한 뒤를 일컫는 것이니라."

― 앙굴리마라경 ―

---

2) "일체 중생의 마음은 본래청정하여, 번뇌의 티끌이 능히 물들이지 못하나니 마치 하늘을 물들이지 못함과 같으니라." 『대집경』

40 그러나 여기 꼭 명심할 일이 하나 있습니다. 부처님께서 진정으로 들려주시려는 숨은 말씀이 있습니다.

그 말씀이 무엇인가?

이 몸 이대로 부처님 앞에 나설 수 없다는 것입니다. 이 맘 이대로 본래청정(本來淸淨) 될 수 없다는 것입니다.

그럼 어찌 하라고 하시는가?

벗이여, 저 앙굴리마라를 바라보세요.

돌팔매에 맞아 피투성이가 되어서 부처님 앞에 쓰러져 참회하는 앙굴리마라의 저 처절한 통곡을 들어보세요.

"세존이시여, 저는 희망이 없습니다."

41 박순희 여인은 남편을 독살한 살인범입니다. 아이를 못 낳는다고 다른 여인과 사귀다가 그 여인이 임신하자, 남편은 갖가지 교묘한 방법으로 이혼을 요구해왔습니다. 격분한 박 여인은 콜라에 독(毒)을 타서 남편을 죽이고 교도소로 갔습니다. 공교롭게도 수감된 지 얼마 지나지 않아서 박 여인은 임신한 사실이 판명되었습니다. 남편과의 기구한 운명의 인연이라 할까요.

아들을 낳고 나서 박 여인은 사형선고를 받았습니다. 형 집행을 며칠 앞두고 아기를 영아원으로 떼어보내면서 박 여인은 아기를 안고 나가는 스님에게 한없는 눈물로 호소했습니다.

"이 아이가 철이 들어 어미니를 찾으면 좋은 여자였다고, 너를 끔찍히 사랑했노라고 전해주세요. 제 애미가 제 애비를 죽인 살인자였다는 말만은 절대로 알지 못하게 해주세요."[3]

42 이제 우리는 부처님 앞에 나아가, 그 발 앞에 꿇어 앉습니다.

---

3) 박삼중 『떠나는 者, 남는 者』 p.76

본래청정의 길을 열어주신 부처님 은혜에 감사의 눈물을 뿌리면서 우리들의 지난 허물, 전생의 죄업을 낱낱이 고합니다.
 앙굴리마라같이 온몸으로 피 흘리면서, 박순희 여인같이 처절한 아픔으로 참회합니다. 내 몸을 부수는 이 참회 없이는 '본래청정'도 한갓 허망한 환상임을 믿으면서 참회, 또 참회합니다. 생각으로 참회하고, 몸과 입으로 참회합니다.

> "자비하신 부처님,
> 저희가 어리석고 교만하여
> 한량없는 죄를 짓고도
> 두려워할 줄 모르오니,
> 어찌 불자라 하오리까?
>
> 이제 저희가 무릎 꿇고
> 눈물을 뿌리며
> 저희 죄와 허물을 드러내오니
> 원컨대 불쌍히 여겨
> 이 참회를 거두어 주소서.
>
> 오늘부터 가장 미천한 자가 되어
> 부처님을 섬기고
> 이 이웃 형제들을 섬기며
> 몸이 부서지도록
> 일하고, 또 일하겠나이다."

43 "앙굴리마라야, 너는 한 사람도 죽인 일이 없느니라."
 붓다 석가모니께서 피눈물로 참회하는 앙굴리마라의 손을 잡으시며 말씀하십니다.
 앙굴리마라가 새로 탄생했습니다.

앙굴리마라는 그 기쁨을 이렇게 노래합니다.

"전에는 비록 게을렀어도 뒤에 게으름을 벗어난 사람은 세상을 밝게 비춘다-구름을 벗어난 달처럼.

전에는 비록 악했어도 뒤에 악에서 벗어난 사람은 세상을 밝게 비춘다-구름을 벗어난 달처럼.

설령 나이가 어린 수행자라도 수행에 부지런히 힘쓰면 그는 세상을 밝게 비춘다-구름을 벗어난 달처럼…….

전에 나는 앙굴리마라[손가락을 잘라 목걸이를 만들어 걸고 있는 사람]라는 나쁜 이름으로 알려져 있었다. 커다란 격류에 휩싸여 있었지만, 이제는 붓다에게 귀의하기에 이르렀다.

전에 나는 손이 피로 물들어 앙굴리마라라는 악명(惡名)으로 알려져 있었다. 내가 귀의한 것을 보라. 헛된 삶으로 이끄는 요소는 뿌리뽑혔다.

열악(劣惡)한 삶으로 이끄는 온갖 악업(惡業)을 짓고 업보에 시달리고 있었지만 이제 나는 빚 없는 몸으로 공양을 받는다."

-장로게경/앙굴리마라-

44 이제 우리 청보리들은 저 앙굴리마라 스님을 좇아 떨치고 일어나 노래합니다.

"새로 났네 새로 났네
부처님 광명 속에 새로 났네.
새로 났네 새로 났네
선남선녀로 새로 났네.

새로 났네 새로 났네
본래청정 진리 속에 새로 났네.
새로 났네 새로 났네

참회 눈물 속에 새로 났네."

회향발원(이 교만한 마음 참회합니다)
  자비하신 부처님,
  저희 이제 님 앞에 무릎꿇고 엎드려 저희들의 교만한 죄 지성으로 참회합니다. '본래청정' 거룩한 말씀에 속아서 '나는 죄없다' '나는 본래 부처다' 이렇게 자만하며 마치 부처나 된 듯이 오만하게 생각하며 행동해 온 저희들의 죄를 깊이 참회합니다.
  항상 함께 하시는 자비하신 부처님,
  저희들 이제 백팔참회를 올립니다. 천팔십참회를 올립니다. 이 몸을 던져 피땀 흘리며 지성참회 올립니다.   -석가모니불 정근-

찬불가 새로 났네

내용익힘

1. 다음 문장을 완성해 봅니다.
  ① 대저 사람들은 (   ) 거두리라. 선(善)을 행한 자는 선한 (   )를 걷고 악(惡)을 행한 자는 악한 (   )를 거두리라. 너희는 (   )을 뿌려 이것을 누리리라.
  ② 동자야, 모든 생명있는 것은 각자의 (   )이 있어 그 (   )의 상속자이니라. 이 (   )을 모태로 하여 (   )에 얽매이고 (   )을 의지할 바로 삼아서 모든 (   )이 모든 생명있는 것의 (   )을 만들어 내고 좋고 나쁜 우열의 (   )을 만들어 내느니라.
  ③ (   ) 앞에 나서기 전에 어둠이며 (   )입니다. 어둠과 (   )

속에서 참된 삶을 찾을 수는 없습니다. 그것은 방황이며 (　) 입니다. (　)앞에 나설 때 우리는 광명과 (　)앞에 나섭니다. 이것이야말로 진정한 (　)입니다. (　)입니다.

2. 다음 물음에 간결하게 답합니다.

④ 인과응보가 무엇인가?

⑤ 착한 사람도 왜 고통을 받고 죄지은 자도 왜 잘만 사는가?

⑥ 청정한 생명으로 탄생하기 위하여 우리가 가장 먼저 착수할 일이 무엇인가?

교리탐구 삼업(三業)이 무엇인가?

실천수행 몇 단계를 거치면서 천팔십참회를 실천합니다.

※ 각자 감당할 수 있는 능력에 따라서 한 번에 할 수도 있고 3일, 7일을 정해놓고 할 수도 있습니다.

단원정리

● **합송** 이 몸 던져 참회합니다.

법사 선남 선녀들아, 무엇이 죄인을 만듭니까?
대중 말 한마디가 죄인을 만듭니다. 무심코 던진 돌멩이에 개구리가 맞아 죽듯, "너는 죄인이야." 이 말 한 마디가 죄의식을 심고, 이 죄의식이 무서운 죄를 낳고 죄인을 낳습니다. 그런 까닭에 "인간은 본래 죄인으로 태어났다."라고 주장하는 원죄설은 실로 인류사를 검게 물들인 죄악의 원천입니다. 이것은 거짓이며 불행한 무지입니다.
법사 선남 선녀들아, 선남자 선여인들아!
대중 법사님, 실로 그러합니다. 우리는 본래로 선남 선녀들, 선남자 선여인들입니다. 이 세상 그 어디에도 죄인은 없습니다. 저 칠흑의 감옥 속에도 죄인은 없습니다. 이 세상 그 누구도 죄인이 아닙니다. 앙굴리마라도 결코 한 사람도 죽인 일이 없습니다. 무엇 때문인가? 본래청정하기 때문입니다. 저 광활한 하늘처럼, 우리 마음은 본래 청정한 불성광명으로 출렁이고 있기 때문입니다.
법사 선남 선녀들아, 우리 눈앞에 수많은 죄가 벌어지고 수많은 죄인들이 감옥에 갇히건만, 어찌하여 '죄인이 없다' 합니까?
대중 그렇습니다. 수많은 중생들이 악업으로 인하여 무서운 죄를 지으며 남을 파괴하고 자신들을 파멸시키고 있습니다.
"뿌린 대로 거두리라." 이것은 그 누구도 피할 수 없는 인과응보의 삼엄한 질서입니다. 본래청정은 피땀 흘리며 참회하라는 뜻입니다. 몸을 던져 참회하면 반드시 청정생명으로 다시 살아나리라는 은혜로운 기사회생의 말씀입니다.
법사 벗이여, 선남 선녀들이여, 이제 우리 모두 무릎 꿇읍시다. 부처님 앞에 나아가 무릎 꿇고 엎드려 참회합시다. 수많은 지난 세월, 수없이 많은 몸을 바꾸면서, 욕심내고 성질내고 고집부리며 지은 죄업, 함께 모아 쌓아 놓으면 저 히말라야 산보다 더 높으리니 저 산이 무너져 내릴 때까지, 우리 무릎 꿇고 엎드려 참회합시다. 피눈물을 뿌리며 백팔배를 올리고 천팔십배를 올립시다. 참회하지 않는 자에게는 본래 청정은 꿈속의 꽃일 뿐입니다.

● **창작** 앙굴리마라 사건을 한 편의 연극작품으로 만들어 발표합니다.

● **법담(法談)의 시간**
   1. 주제 : 교도소 벗들의 신행생활을 돕는 구체적인 방법에 관하여
   2. 주요내용 :
      ① 교도소 벗들이 겪는 생활상의 어려움은 무엇인가?
      ② 불교계에 있어 교도소 교화활동의 현황은?
      ③ 교도소 벗들의 종교적인 성향은?
      ④ 우리 법회와 자매결연할 수 있는 구체적인 대상은?
      ⑤ 이 교도소의 벗들을 우리가 도울 수 있는 실제적인 방법은?

제5장

윤회의 현장은 어디인가?

"수행자들아, 몸으로 나쁜 일을 하며 입으로 나쁜 일을 하고 뜻으로 나쁜 일을 하고, 성현을 비난하고, 그릇된 견해를 가지며, 그릇된 견해에 근거해서 나쁜 행위를 쌓아가는 사람들이 죽은 뒤에는 불행한 경지, 곧 나쁘고 괴로운 경지인 지옥에 떨어지는 것을 나는 보았다."

−이티붓타카 본 것(1)−

제5장 윤회의 현장은 어디인가? 171

이끄는 말

윤회의 현장으로 달려간다

❶ "윤회는 정말 있는 것인가?"
"지옥은 정말 있는 것인가?"
인과(因果)의 명백한 사실을 깨닫지 못하는 많은
친구들이 이렇게 의심하고 있습니다.
"전생은 과연 있는 것인가?"
"내생은 과연 있는 것인가?"
"천당 지옥 어디 있나, 죽으면 그만인데…"
많은 친구들이 또 이렇게 부정하고 있습니다.

❷ 5장은 「윤회 현장의 장」입니다.
윤회가 현재 진행중인 현장을 발견할 것입니다.
여기서 우리는 육도윤회의 무서운 불길이 나
자신과 우리 가정, 우리 사회를 태우고 있는
현장을 목격하고, 우리 모두를 태운 큰 배가
침몰하고 있는 절박한 위기를 깨닫게 될
것입니다.

❸ 벗이여, 어서 떨치고 일어나세요.
일어나 저 윤회의 현장으로 달려가세요. 장애자,
복지시설, 교도소, 소년원, 무료병동, 노사분규,
데모, 화염병….
저 치열한 윤회의 현장으로 달려가 그들과 함께
그들이 되어 어서 불길을 잡으세요.

삶은 잔인한 지옥[1]

　날품팔이를 하는 노부모 슬하의 4남매 중 셋째인 김인애는 부산 K여고를 다녔다. 공부도 썩 잘했다. 그녀는 3학년이 되자 부모님을 졸지에 잃고 집안이 어려워 학업을 계속할 수 없었다. 모범생인 그녀가 학교를 그만두자 학우들은 모두들 애석하게 여겼다. 학교를 그만둔 뒤로는 집안 살림을 맡아 일을 했고 틈틈이 책을 보면서 멍든 가슴속의 허전함을 달래곤 했다.
　부엌일을 마치고 잠이 든 어느 날이었다. 아침부터 쏟아진 비는 종일 계속되었다. 양철지붕 밑의 단칸 셋방이어서 그녀는 오빠와 동생, 셋이서 한 방에서 생활해야 했다. 동생이 출가한 언니집에 심부름 가고 없던 날, 그녀는 태산 같은 오빠에게 몸을 더럽히고 말았다. 하늘이 무너지는 것 같았다. 그 다음날로 인애는 약국을 돌아다니며 쥐약을 샀다. 그러나 '내가 죽으면 오빠는 어떻게 하나. 오빠도 살리고 가정도 돌보기 위해 내가 참아야지.'라고 생각하고는 미친 듯이 약을 하수구로 던져버렸다. 며칠 동안 벙어리처럼 보냈다.
　며칠 후 그녀는 출가한 언니집으로 갔다. 평범하게 사는 언니집은 부산에서 떨어진 항구였다. 그곳에서 3주 가량 보내는 동안 오빠가 군에 입대했다는 소식을 들었다. 인애는 악몽에서 미처 깨어나기도 전에 또 한번 몸부림을 쳐야 했다. 이번에는 공직에 있는

---

[1] 박삼중, 『가난이 죄가 아닐진대 나에겐 죄가 되어 죽습니다』 태일, 1991 p. 297

형부에게 욕을 당한 것이다. 천장이 핑 돌고 눈앞이 노랗게 변했다. 세상의 전부가 무섭게만 보이고 밤이 싫었다. 몸둘 곳이 없었으며 갈 곳도 없었다. 그녀는 다시 양철지붕의 셋방으로 돌아왔다. 이즈음 뜻밖의 비보가 전해져왔다. 일선에 있는 오빠가 자책감에 시달리다 소총으로 자살을 했다는 동료의 전갈을 받게 된 것이다.

인애에게 운명의 장난은 감당할 수 없을 정도로 계속되었고 거푸 패륜의 수난 속에서 인애는 까무라칠 것만 같았다. 이번에는 그처럼 사랑스럽던 동생이 악마로 보이지 않는가? 도대체 꿈인지 생시인지 분간할 수 없었다. 황천을 흐르는 망각의 강가에 무성하게 우거진 잡초만도 못한 짐승들.

인애는 동생을 찌르고 집을 뛰쳐 나왔다. 동생은 즉사했고 그 길로 언니집으로 달려온 그는 독극물을 넣은 음식을 언니 식구에게 먹여 언니와 형부는 무사했으나 어린 아이들 두 명을 죽이고 말았다. 인애는 발길이 닿는 대로 뛰쳐나왔다. 눈앞엔 무분별한 인간 짐승들뿐이었다. 짐승들이 붐비는 시장과 버스 속으로 뛰어들었다. 재주껏 훔치고 요령껏 날치고 닥치는 대로 들쳤다. 먹고 싶은 것, 입고 싶은 것, 하고 싶은 것은 다했다. 잔뜩 취하기도 하고… 인간이란 이런 것이 아니냐? 그 어두컴컴하고 냄새나는 양철지붕의 방보다는 훨씬 편하고 좋았다. 실컷 먹고 쓰다 가는 것이 인간의 본능이 아닌가? 매사가 낙천적으로 변했다.

그녀는 시장과 버스를 무대로 전후 40여 회에 걸쳐 소매치기 행각을 벌이다가 대전 근처에서 경찰에 잡혔다. 그리고 죄를 추궁받던 중 동생 살해와 언니 식구 독살사건까지 드러나고 말았다.

까마귀 등에 내린 눈보다 더 희고 곱던 그녀의 마음은 이제 악에 그을려 까마귀 등보다 더 새까맣게 타버리고 아주 저속한 소설의 히로인이 되고 말았다. 삼라만상의 아름다운 정경을, 은빛으로 짙은 화장을 하는 달님을 두고 한 소녀는 천 년 비바람에 퇴

색한 사랑과 삶의 구원을 법의 구속력에 의지해야 하는 절박한 사정에 처하게 되었다.

아찔한 바위 곁에 세워진 암자에서 자비를 호소하는 부처님의 힘이 인애를 구원해주도록 주위에서는 기원했으나 결국은 그녀도 형장에 서고 말았다.

70년대 근대화의 최초, 최후의 정신적 기초는 국민의 도덕세계에서 찾아야 한다는 명제를 인애의 가정이 실증적으로 보여주고 있다. 이제 인애는 어디로 가는 것일까?

"인생이란 이런 것일까요. 인간이란 정녕 신이 잘못 만든 것에 불과할까요. 이제 23살의 나이에 너무 많은 인간으로서의 한을, 세상의 한을 안고 갑니다. 잔인한 삶, 이 지옥 같은 삶을 빨리 벗어나고 싶습니다. 인간으로는 다시 태어나지 않겠습니다."

그녀의 한맺힌 울음이 처절하게 들렸고 입회한 어느 누구도 숨소리 하나 크게 내쉬지 못하고 침묵만 지키고 있었다.

13과 • 윤회의 수레 바퀴는 돌고 돌아

"선과 악의 과보는 마치 그림자가 형체를 따름과 같은지라, 삼세(三世)의 인과(因果)가 끊임없으니, 이 생(生)을 헛되이 보내면 후회막급하리라."
― 열반경 ―

탐구과제
- 윤회(輪廻)의 바른 뜻을 이해합니다.
- 삼세인과(三世因果)의 삼엄한 현실을 깨닫습니다.
- 내가 온 곳을 관(觀)하며 철야용맹정진을 실천합니다.

사하 마을 사람들의 행진

1 한 무리의 사람들이 지금 각기 수레를 몰고 큰 길을 가고 있습니다. 이 사람들은 모두 사하 마을 농민들인데, 가을철이 되어서 니르반 평야로 추수를 하러 함께 몰려가고 있습니다. 그것은 매우 먼 길이었습니다.

범중이는 이들 농민 가운데 한 사람인데, 황소가 끄는 수레를 타고 동행하고 있었습니다.

범중이는 갑자기 이런 생각을 하게 되었습니다.

'이 행렬이 너무 늦다. 이렇게 따라 가다가는 별 소득이 없겠으니 어떻게 하든지 내가 먼저 가야지.'

2 조용하던 대열이 갑자기 소란해졌습니다. 범중이가 성난 얼굴로 고함을 지르며 자기 수레를 앞으로 내몰았습니다. 그는 회초리로 자기 황소를 휘몰아치면서 거세게 달려나갔습니다. 진흙길 위

에 험한 바퀴자국을 만들면서 그의 수레는 질주했습니다. 그의 수레는 옆 사람과 부딪치고, 먼지를 일으키고, 흙탕물을 튕기고, 고함 소리, 아우성이 터져 나오고……, 그러다가 급한 비탈길에 이르자, 마침내 수레는 뒤집히고 그는 떨어져 중상을 입고 의식 불명이 되고 말았습니다.

3 범중이가 눈을 떠 보니, 대비 병원(大悲病院) 응급실이었습니다. 얼마 뒤 사하 마을 부다 촌장(村長)을 비롯해서 많은 이웃들이 꽃을 사들고 위문왔습니다. 그러나 범중이는 충격으로 기억상실이 되고 말았습니다.

부다 촌장과 이웃사람들은 범중이의 지난 과정을 하나하나 설명해주었고, 그도 마침내 정신을 차리고 자기의 지난 일을 어렴풋이 기억하게 되었습니다. 무엇 보다, 자기의 현재 부상당한 모습을 보고 부다 촌장의 말을 믿게 되었습니다.

그제서야 범중이는 눈물을 흘리며 잘못을 빌었습니다. 부다 촌장과 이웃들은 그의 잘못을 이해하고 위로했습니다.

부다 촌장이 그의 손을 잡고 말했습니다.

"이 사람아, 그렇게 혼자 달려서 어쩌자는 건가? 니르반 평야는 멀고 길은 험해서 우리가 서로 모여 함께 가지 않으면 갈 수 없는 곳일세."

4 범중이는 마을금고에 저축했던 돈을 찾아서 새 수레를 하나 장만했습니다. 더 크고 단단하게 만든 수레였습니다. 부다 촌장과 이웃들의 도움으로 새 수레를 몰고 본래 자리로 돌아갔습니다.

행렬은 다시 조용히 계속되었습니다. 이제 범중이는 회초리를 버리고 손바닥으로 황소 등을 두들기면서 고분고분 몰았습니다.

한참 험한 비탈길을 지나니까 고운 모래길이 나오고 길 옆으로 파란 강물이 흘러가고 한 쪽 산에는 가을 단풍이 온갖 색깔로 물들어 가고……, 사람들은 저마다 콧노래를 흥얼대고 옆 사람과 우스갯소리를 나누고 범중이는 상처를 깨끗이 잊고 휘파람을 불었습니다.

5 큰 산기슭을 돌아서자, 앞에 가던 부다 촌장이 외쳤습니다.
 "여러분, 저기 니르반 평야가 보입니다. 아주 풍년이 들었군요."
 사하 마을 사람들은 일제히 환호성을 질렀습니다. 그들은 더욱 힘차게, 사이좋게 수레를 몰았습니다.
 모래 길 위에 그들의 수레바퀴 자국이 곱게 패여 갔습니다. 범중이 수레바퀴 자국도 곱게 패여 갔습니다.
 부다 촌장이 일어나 범중이를 돌아보며 환한 미소로 말했습니다.

 "마음은 모든 일의 근본이 된다.
 마음은 주(主)가 되어 모든 일을 시키나니
 마음속에 악한 일 생각하면
 그 말과 행동도 또한 그러하리라.
 그 때문에 괴로움도 그를 따르리.
 마치 수레를 따르는 수레바퀴처럼.

 마음은 모든 일의 근본이 된다.
 마음은 주(主)가 되어 모든 일을 시키나니
 마음속에 착한 일 생각하면
 그 말과 행동도 또한 그러하리라.
 그 때문에 즐거움이 그를 따르리.
 마치 형체를 따르는 그림자처럼."

―법구경 쌍서품―

삼세의 인과가 끊임 없느니

6 "당신 죄 지으면 지옥 갑니다. 착한 일을 하면 천당 가구요."
이렇게 말하면 웃어버릴 친구들도 있겠지요.
"지옥이 어디 있고, 천당이 어디 있나. 죽으면 다 그만인데."
아마 그렇게 말할지도 모릅니다. 그러나 이것은 실로 어리석고 두려운 생각입니다. 삿된 생각〔邪見〕이지요.
무슨 까닭인가?
인과의 엄연한 질서를 모르기 때문에 어리석고, 인과응보의 삼엄한 섭리를 믿지 않고 멋대로 행동하고 악업을 가리지 않기 때문에 두려운 것입니다.
세존께서 우리들의 어리석음을 깨우쳐 말씀하십니다.

"어리석은 중생들이 다함이 없고〔衆生無盡〕, 윤회가 가이 없나니〔輪廻無邊〕, 마치 개미와 같이 돌고 돌아 끝남이 없느니라."

―해우경―

7 '윤회무변(輪廻無邊), 윤회가 가이 없나니.'
정녕 이러합니다. 사하 마을 사람들은 수레가 진흙과 모래 위에 끝없는 자국을 만들어가듯, 나와 당신은 이 세상과 저 세상에 가없는 윤회의 자국을 만들어가고 있습니다.
'윤회〔輪廻, saṃsara―상사라〕'란 '수레바퀴처럼 끊임없이 돌고 돌아간다.' 이런 뜻입니다.
우리 생명이 돌고 돈다는 것은 특별히 신기하거나 신비한 일도 되지 못합니다. '심으면 거둔다, 심는 대로 거둔다' 이 인과의 이치를 이해한다면, 이것은 곧 윤회의 이치를 이해한 것입니다. 인과와 윤회는 같은 뜻이니까요.[1]

---

1) 인과론(因果論), 곧 연기론(緣起論)은 흔히 '12연기(十二緣起)'라는 공식으로 전개된다. '인과 전개과정의 12단계'란 뜻. 이 12연기의 과정은 전(前)―현(現)―

8 봄에 씨를 뿌리면 가을에 거둡니다. 이것이 곧 인과입니다. 그러나 이 인과의 행위는 한 번으로 끝나는 것이 아니지요. 가을에 거둔 열매〔果〕는 겨우내 잘 간직하였다가 명년 새봄이 되면 밭을 갈고 다시 씨앗〔因〕으로 뿌립니다. 이 씨앗이 다시 가을의 열매가 되고, 이 열매가 다시 씨앗이 되고…….

씨앗이 열매가 되고, 열매가 새 씨앗이 되고……. 이 간단한 이치를 모르는 사람이 어디 있겠습니까? 이 이치를 바로 우리는 윤회한다고 일컫는 것입니다.

씨앗이 열매 되고, 이렇게 한 번 변화하는 것을 '인과, 인과응보'라고 한다면, 이러한 변화가 끝없이 계속되는 과정을 '윤회'라고 하는 것이지요.[2]

세존께서 말씀하십니다.

"선과 악의 과보는 마치 그림자가 형체를 따름과 같은지라, 삼세의 인과가 끊임없으니, 이 생을 헛되게 보내면 후회 막급하리라."

—열반경—

9 '삼세의 인과가 끊임없으니'

실로 이렇습니다. 나와 당신의 생명은 삼세에 걸쳐 끊임없이 돌고 또 돕니다.

'삼세〔三世, Trayo—dhvanah〕'란 과거·현재·미래, 전세(前世)·현세(現世)·내세(來世), 전생(前生)·금생(今生)·내생(來生, 後生)의 시간

내(來)의 3생(三生)에 걸쳐 전개되는데, 이것이 대승불교의 논사(論師, 사상가)들에 의하여 윤회전생(輪廻轉生) 사상으로 발전되었다. 김동화, 『原始佛教思想』, pp.57~79

2) 인(因)이 과(果)가 되고, 과(果)가 새 인(因)이 되고…… 이러한 과정이 3세에 걸쳐 전개되는 것을 '3세 양중인과(三世兩重因果), 3세에 걸쳐 인과(因果)가 서로 겹침'이라고 부른다. 김동화, 『俱舍學』, pp.244~252

적 변화를 뜻합니다.

삼세 인과(三世因果)란 우리들의 생(生)이 과거·현재·미래에 걸쳐 끊임없이 윤회하고 있다는 것입니다.

10 "전생·내생이 어디 있나. 오로지 현생밖에 없다."
"아니다. 전생·현생밖에 없다."
"아냐. 현생·내생밖에 없다."

이렇게 주장하는 친구들도 더러 있지만, 아마 이렇게 주장하는 친구들도 조금만 제 정신으로 가만히 생각해보면, 이런 주장들이 틀렸다는 것을 금세 깨닫게 될 것입니다.

무슨 까닭인가?

과거·현재·미래가 시간의 자연스런 흐름이란 것은 삼척 동자도 다 아는 아주 간단한 진실이니까요.

어제가 있었고, 오늘이 이렇게 있고, 내일이 또 올 것이라는 것을 모르는 사람이 어디 있겠습니까?

전생의 나를 알고 싶거든

11 삼세 인과.

우리의 생이 과거·현재·미래로 걸쳐 흘러간다는 것은 너무도 간단한 이치이고 순리입니다. 전생·현생·내생은 일체 모든 생명의 지극히 자연스런 발전 과정입니다.

"내생은 있어도 전생은 없다." 만일 아직도 이렇게 고집하는 친구가 있다면 그 친구에게 묻겠습니다.

"벗이여, 그대가 이 세상에 태어나기 전에, 그대는 어디 있었는가? 어느 날 아침 갑자기, 우연히 그대 생명은 생겨난 것인가?"

12 만일 저 사하 마을의 범중이가 "나는 진흙 길을 질주한 적이 없다." 이렇게 주장한다면 누가 믿겠습니까?

우리가 전생의 명백한 진실을 까맣게 모르는 것은 죽음이라는 생의 전복(뒤집힘) 사고 때문입니다. 수레가 뒤집히는 충격 때문에 기억상실 상태가 되고 만 것이지요.

이 기억 상실 상태에서 전생 기억을 끄집어내는 것이 소위 심령과학(心靈科學)입니다. 심령과학은 지금 세계적으로 보편화되어 있고 심령과학에서 영혼을 추적해서 그 전생을 사실로 밝혀내는 일은 이미 사실이 되어 있습니다.

그래도 전생 일이 믿어지지 않거든 지금 당장 책방에 가서 심령과학서적을 하나 펼쳐 보세요. 무수한 보고서들이 생생한 증언을 들려줄 것입니다.

미국에는 대학 교수를 비롯한 '전생(前生) 확인 모임'(이완·스티븐슨 著, 미국 버지니아 대학 정신의학 부교수)까지 있고, 영국 청소년의 대부분이 생(生)의 윤회를 믿고 있다는 보도까지 있었죠.[3]

13 그러나 무엇보다 중요한 증거가 있습니다.

무엇인가?

그것은 곧 나와 당신의 현재 상태입니다. 나와 당신의 현재 조건들, 부모, 가정, 재산, 성격, 얼굴, 신체, 지능, 소질…… 이 모든 조건들이 왜 이렇게 서로 다르다고 생각합니까? 태어난 이후 얻은 요소를 빼놓고 생각해도, 왜 우리는 출생 조건부터 그렇게 천차만별입니까?

좋은 가정·덜 좋은 가정, 건강한 신체·불구(不具), 우수한 지능·저능아(低能兒)……, 이런 차이가 대체 왜 생겨난다고 생각합니

---

[3] 그러나 불자(佛子)는 심령현상(心靈現象)에 관하여 깊이 들어가지 않는다. 왜? 심령[영혼]의 윤회전생은 깨치고 나와야 할 어둠의 상태이기 때문이다. 불교는 깨침과 해탈의 길이다. 『중아함 화살비유경』'독문은 화살'

까?

우리는 그것이 업(業)으로 인한 차별임을 이미 관찰하였거니와 이 업의 힘〔業力〕은 오늘 한때, 금생(今生) 한때로 사라지지 않고 그 업력의 크기에 따라 과거·현재·미래에 걸쳐서 지속되고 있습니다.

이러한 천차만별의 차이는 곧 삼세인과에 의한 엄숙한 생의 결과입니다. 전생에 심고 가꾼 씨앗이 서로 그렇게 다르기 때문에 금생의 열매가 또 그렇게 천차만별입니다.

저 범중이가 제 몸의 상처를 보고 지난 일을 깨닫듯, 이제 우리도 오늘 우리의 삶의 조건을 보고 우리의 전생을 깨달을 것입니다.

세존께서 이제 명백히 밝혀보이십니다.

"전생에 뿌린 씨앗〔因〕을 알고자 하거든 금생에서 받는 것이 바로 그것이요, 내생에 거둘 열매를 알고자 하거든 금생에서 행하는 것이 바로 그것이니라."
　　　　　　　　　　　　　　　　　　　　　　　　－인과경－

14 왕자로서 출가하여 육신의 눈을 잃고 천안(天眼)을 얻은 아누룻다 비구는 자신의 전생을 깨닫고 이렇게 진술하고 있다.

"나는 전에 '안나바라〔음식 나르는 사람〕'라고 불렸던 사람으로 가난 때문에 음식 나르는 일을 하였다. 그런데 일찍이 우파릿타라는 유명한 수행자를 공양한 적이 있었다.

그 덕분으로 나는 사카〔釋迦〕족 집안에 태어나 아누룻다라는 이름으로 사람들에게 알려졌다. 춤과 노래에 날이 저물고 바라 소리에 눈을 떴다.

하지만 나는 아무 것도 두렵지 않은 분, 온전한 깨달음을 얻은 분을 뵙고 난 뒤, 그를 믿는 청정한 마음이 생겨 출가하여 집 없는 삶을 시작하였다.
　나는 전생 일을 깨달았다. 나는 삭카〔帝釋天〕로 태어나 삼십삼천(三十三天) 안에 살고 있었다.
　나는 인간의 왕으로서 일곱 차례나 거듭 태어나 나라를 통치하였다. 사방에 이르는 온 세상을 정복하고 잠부주의 주인이 되어 형벌이나 무기를 쓰지 않고 이법(理法)으로 사람들을 다스렸다.
　앞의 일곱 차례, 다시 일곱 차례, 모두 열네 번에 이르는 재생(再生)을 나는 깨달았다. 그때 나는 신들의 천계(天界)에 살고 있었다."
—장로게경[4] 아누룻다 비구—

15 벗이여, 밝은 거울 앞에 앉아 보세요. 고요히 당신의 전생을 관(觀)해 보세요. 지난 날 어린시절, 유아시절, 그 이전 태중(胎中)시절, 모태(母胎)에 들기 전… 당신 얼굴이 보입니까? 그때 당신은 무엇이었습니까? 그때 당신을 무엇을 하고 있었습니까? 보입니까?
　마음이 깨끗한 자는 숙명통(宿命通)을 얻어 자신의 전생을 능히 볼 수 있는 것입니다.

회향발원(윤회는 현실임을 깨닫습니다)

　자비하신 부처님,
　저희들은 지금까지 윤회를 거의 믿지 않고 태만히 살아왔습니다.
　삼세윤회를 한갓 설화적 교훈 정도로 생각하며 꿈꾸듯 몽롱하게 살아왔습니다.
　항상 함께 하시는 자비하신 부처님,

---

4) 『비구의 고백 비구니의 고백』 p.165

그러나 부처님 말씀에 놀라 깨어나 보니, 윤회는 분명한 사실로 끊임없이 저희 인생을 유전시키고 있습니다. 어제·오늘·내일로, 전생·금생·내생으로 잠시도 중단 없이 저희 삶을 몰아가고 있습니다. 윤회는 분명 엄연한 현실임을 깨달았습니다.　　　　　　　－석가모니불 정근－

찬불가 불교도의 노래

내용익힘

1. 다음 문장을 완성해 봅니다.
   ① 선과 악의 (　　)는 마치 (　　)가 형체를 따름과 같은지라, (　　)의 인과가 끊임없으니 이 (　　)을 헛되이 보내면 후회 막급하리라.
   ② 우리의 생이 (　　)·(　　)·(　　)로 걸쳐 흘러간다는 것은 너무도 간단한 이치이고 (　　)입니다. (　　)·(　　)·(　　)은 일체 모든 생명의 지극히 자연스런 (　　)입니다.
   ③ (　　)에 뿌린 씨앗[因]을 알고자 하거든 (　　)에서 받는 것이 바로 그것이요, (　　)에 거둘 열매[果]를 알고자 하거든, (　　)에서 행하는 것이 바로 그것이니라.
2. 다음 물음에 간결하게 답합니다.
   ④ 사하 마을 사람들의 여행을 통하여 우리는 어떤 사실을 깨달을 수 있는가?

   ⑤ 윤회, 삼세인과가 무슨 뜻인가?

   ⑥ 나의 전생(前生)은 무엇으로 알 수 있는가?

교리탐구 아누룻다 비구는 어떤 분이신가?

실천수행 아누룻다 장로의 모범을 좇아서 '나는 누구인가?' '나는 어디서 왔는가?'를 관(觀)하면서 1주야를 용맹정진한다.

14과 • 지옥에서 천상까지

"수행자들아, 몸으로 나쁜 일을 하며 입으로 나쁜 일을 하고 뜻으로 나쁜 일을 하고, 성현을 비난하고, 그릇된 견해를 가지며, 그릇된 견해에 근거해서 나쁜 행위를 쌓아 가는 사람들이 죽은 뒤에는 불행한 경지 곧 나쁜 곳, 괴로운 경지인 지옥에 태어나는 것을 나는 보았다."

-이티붓타카 본 것-

탐구과제
- 육도윤회의 바른 뜻을 이해합니다.
- '죽으면 그만'이라는 삿된 견해를 단호히 깨뜨립니다.
- 지장전의 구조를 이해하고 지장기도를 실행합니다.

별나라에서 온 어린 왕자

16 "아, 아저씨 왔어……."
  그리고는 내 손을 잡았다. 그러나 그는 다시 걱정을 했다.
  "아저씨가 온 건 잘못이야. 마음 아파할텐데. 내가 죽은 듯이 보일테니까. 정말로 죽는 건 아닌데……."
  나는 아무 말도 하지 않았다.
  그는 조금 풀이 죽어 있는 듯이 보였다. 그러나 그는 다시 기운을 내려 애쓰고 있었다.
  "참 좋겠지. 나도 별들을 바라볼 거야. 별들이란 모두 녹슨 도르래가 있는 우물로 보이게 될 테니까. 별들이 모두 내게 마실 물을 부어 줄 거야……."
  나는 아무 말도 하지 않았다.

"참 재미있겠지! 아저씬 5억 개의 작은 방울들을 가지게 되고, 난 5억 개의 샘물을 가지게 될테니……."

그리고는 그도 역시 아무 말이 없었다. 그는 울고 있었기 때문이었다…….

"저기야, 나 혼자 한 발짝 걸어가게 내버려둬 줘."

그러더니 그는 그 자리에 앉았다. 무서웠기 때문이었다.

그가 다시 말했다.

"아저씨…… 내 꽃 말인데…… 나는 그 꽃에 책임이 있어! 더구나 그 꽃은 몹시 연약하거든! 몹시도 순진하고. 별것도 아닌 네 개의 가시를 가지고 외부세계에 대해 자기 몸을 방어하려고 하고……."

나는 더 이상 서 있을 수가 없어서 앉았다. 그가 말했다.

"자…… 이제 다 끝났어……."[1]

17 이것은 지구에 온 '어린 왕자(LE PETIT PRINCE)'가 사막에서 뱀에 물려 마지막 죽어가는 모습입니다. 쌩 떽쥐베리(Antonie de Saint-Exupéry, 1900~1944, 프랑스의 작가)의 작품이 불교사상(佛敎思想)을 많이 반영하고 있다는 것은 이미 잘 알려진 평(評)이지만, 특히 『어린왕자』는 윤회사상(輪廻思想)에 관해서 암시하는 바가 많습니다.

무엇보다 『어린 왕자』가 조그마한 별을 떠나 여섯 개의 별을 거쳐 이 지구로 오고, 다시 별나라로 돌아간다는 얘기를 통해서, 우리는 윤회의 공간 같은 것을 상상해볼 수 있습니다. 별은 우리 눈에 잘 띄지 않는 매우 작은 별일지라도 하나의 나라이며 세계입니다. 녹슨 도르래가 있는 우물, 이것은 그 별나라가 곧 우리들의 한 생의 현장이란 것을 강력하게 암시해줍니다.

---

1) 쌩 떽쥐베리, 『어린왕자』 文藝出版社, 1982 , pp.91~93

더욱 그런 별나라가 5억 개나 된다는『어린 왕자』의 말을 들으면서, 우리는 문득 저 영산회상에서 부처님께서 보여주신 갠지스 강의 모래알 같은 많은 나라들을 연상합니다.

하늘 백성도, 한 마리 소도

18 "지옥 간다. 천당 간다." 이렇게 말할 때, 사람들은 대개 지옥·천당을 하나의 정신적인 세계, 관념의 세계로 쉽게 끝내버리고 마는 듯하지만, 지옥·천당 등의 세계는 현실적인 공간으로서도 엄연히 존재하고 있다는 것을 우리는 생각하지 않으면 안 됩니다.
　무슨 까닭인가?
　생명의 세계, 윤회의 세계는 시간적으로도 무한하고, 공간적으로도 무한하기 때문입니다. 윤회는 끊임없는 변화를 의미하는데, 시간적으로 끊임없이 변화한다는 것은 곧 공간적으로 끊임없이 변화한다는 것을 의미하기 때문입니다.

19 지금 이 지구 위에도 좋은 땅, 나쁜 땅이 있고 한 나라 안에서도 행복한 곳, 불행한 곳이 있는데 이 광활한 우주 속에 어찌 서로 다른 여러 갈래의 세계가 없겠습니까?
　세존께서 이러한 이치를 밝혀 보이십니다.

　　"어떤 생명은 사람의 태(胎)에 들고
　　악한 사람은 지옥에 들며,
　　착한 사람은 천상에 나고
　　마음이 맑은 사람은 니르바나에 든다."　　　　－법구경 악행품－

20 '사람으로 나고, 지옥에 나고, 천상에 나고.'

우리는 이것을 일러서 '육도 윤회(六道輪廻), 여섯 갈래의 윤회'라고 부릅니다. 육도는 육취(六趣)라고도 이름하는데 우리가 선·악의 업력에 따라 가서 태어나서 '여섯 갈래의 길, 여섯 갈래의 세계' 이런 뜻입니다.

육도란 무엇인가?

그것은 곧 지옥〔地獄, Naraka-那落〕·아귀〔餓鬼, Preta〕·축생〔畜生, Tiryagyoni〕·아수라〔阿修羅, Asura〕·인간〔人間, Manuṣya〕·천상〔天上, Deva-loka〕 세계를 가리킵니다.[2]

지옥은 가장 낮은 갈래로 암흑과 고통으로 충만한 세계,

아귀는 굶주림으로 허덕이는 망령(亡靈)의 세계,

축생은 짐승과 같이 본능에 쫓겨사는 세계,

아수라(수라)는 증오와 폭력으로 날뛰는 세계,

인간은 번뇌와 지혜를 동시에 갖고 혹은 기뻐하고 혹은 슬퍼하는 세계, 천상은 미묘한 모습과 즐거움으로 살아가는 가장 높은 갈래 곧 천국(天國)이지요.[3]

21 이 가운데에서 '지옥·아귀·축생'을 '삼악도(三惡道)·삼악취(三惡趣), 세 갈래 악한 세계'라고 해서 가장 고통스런 상태라고 규정하고, 이 삼악도에 떨어지면 불보살님의 가피(加被, 가호 은총)를 받지 못하면 제 스스로는 나올 수 없다고 경고하셨습니다.

저 영산회상에서 세존께서 말씀하십니다.

"여러 욕심의 인연 때문에 삼악도에 떨어지고, 육취(六趣, 여섯 갈래 세계) 가운데 윤회하여 온갖 고통을 다 받느니라." -법화경-

---

2) 『구사론(俱舍論)』에서는 6도(六道) 가운데 아수라를 빼고, '5취(五趣), 5갈래 세계'라고 했지만 뒷날 6도설(六道說)로 정립되었다.
3) 김지견, 『現代人을 위한 佛敎』, pp.37~56·87~91

22 "육도 윤회가 진실이라면, 그럼 내가 소나 말 같은 축생(짐승)으로도 태어난다는 것인가?"

이렇게 의심하고 궁금해하는 벗들도 많습니다.

그러나 대답은 분명합니다. 악업을 지으면 또한 축생(짐승)의 몸〔畜生報〕도 받습니다.

세존께서 말씀하십니다.

"이 몸과 마음이 온갖 종류의 악을 지으매, 이 인연으로 생사에 유전(流轉)하여, 삼악도에 머물러 온갖 고통을 두루 받느니라."

-열반경-

"남의 재물을 훔쳐 쓰면 지옥고(地獄苦)를 받고 후세에는 여섯 가지 종류〔六畜〕의 짐승 몸을 받느니라."

-범망경-

23 부처님께서 설하시는 생명의 세계, 생명의 종류는 실로 무한합니다.

크게 유정(有情)과 무정(無情)으로 나뉘는데 유정은 중생이라고도 하거니와 감정과 생각이 있는 생명체를 말하고, 무정(無情, 非情)은 감정과 생각이 없는 생명체, 곧 나무·풀·돌·흙 등을 말합니다. 서양 과학에서는 무정물(無情物)은 아예 생물이라고 부르지도 않고 단순한 착취의 대상으로 삼고 있지만 불교에서는 엄연한 생명으로 인식하고 있습니다.[4]

유정물 곧 생명은 인간은 물론, 지옥에서 천상에 이르기까지의 모든 갈래의 생명들을 다 함께 포함하고 있습니다. 지옥중생·굶주린 영혼들·짐승들·난폭한 귀신들〔영혼들〕·인간들·하늘 백성

---

4) 대승불교에서는, 초목(草木)과 같은 무정물(無情物)도 불성을 지니고 있어서 중생과 함께 성불한다고 주장한다 (草木成佛說). (담연, 『마하지관보행전홍결』 1의 2)

들, 이들을 모두 함께 '일체 중생'이라 부르고 크게 '한 우주 속의 생명'으로 인식합니다.

24 내 생명의 실체, 곧 불성은 영원히 변함 없지만 내가 존재하는 상태, 살아가는 차원은 끊임없이 윤회합니다. 나는 내생에 하늘 백성이 될 수도 있고, 한 마리 소가 되어 멍에를 질 수도 있습니다. 더 크게 보아, 내 영혼은 그리운 님 창가에 한 송이 난(蘭)이 되어 밤새 님의 호흡을 마시며 하늘의 별을 헤일 수도 있습니다.

세존께서 말씀하십니다.

"열 가지 착하지 못한 업[十不善業]을 짓는 인연으로 지옥·아귀·축생의 삼악도에 떨어지고, 열 가지 착한 업[十善業]을 행하는 인연으로 천계(天界) 및 인계(人界)에 태어나느니라."

―미륵보살 소문경―

'나는 보았다'

25 "삼세인과(三世因果) 육도윤회(六道輪廻)
　전생―금생―내생에 걸쳐서
　스스로 지은 바 업력(業力)에 따라서
　지옥으로부터 천상까지
　내 몸은 돌고 돈다."

이것이 중생의 생명 과정입니다. 나와 당신이 짊어지고 가는 삶의 모습입니다.

그러나 아직도 이 윤회전생(輪廻轉生)의 도리를 믿지 않으려는 친구들이 많습니다. 그들은 지금도 이렇게 태연히 말하고 있습니다.
"전생이 어디 있고 내생이 어디 있나?
지옥이 어디 있고 천당이 어디 있나?
죽으면 그만인걸….
괜히 겁 주려는 소리지."

26 윤회전생은 사실입니다. 악업을 지으면 지옥에 떨어져 고통받는 것은 엄연한 사실입니다.
믿지 못하는 어리석은 친구들을 위하여 붓다 석가모니께서는 이렇게 엄중히 경고하십니다.

바로 이와 같은 것을 아라한 세존께서 설하셨다고 나는 들었다.
"비구들이여, 몸으로 나쁜 일을 하며 입으로 나쁜 일을 하고 뜻으로 나쁜 일을 하고, 성현을 비난하고 그릇된 견해를 가지며, 그릇된 견해에 근거해서 나쁜 행위를 쌓아가는 사람들이 죽은 뒤에는 불행한 경지, 곧 나쁜 곳, 괴로운 경지인 지옥에 태어나는 것을 보았다.
비구들이여! 나는 다른 사문, 바라문이 전하는 말에 의해 그렇게 말하는 것이 결코 아니다. 몸으로 나쁜 일을 하고 그릇된 견해에 근거해서 나쁜 행위를 쌓아가는 사람들이 죽어서는 지옥에 태어나는 것을 나는 보았던 것이다.
뿐만 아니라 비구들이여! 스스로 안 것, 스스로 본 것, 스스로 이해된 것을 나는 설한다. 다시 말하면, '비구들이여! 몸으로 나쁜 일을 하고 그릇된 견해에 근거하여 나쁜 행위를 쌓아가는 사람은 죽어서 지옥에 태어나는 것을 보았다.'라고."

-이티붓타카 본 것 하나-[5]

---

5) 『기쁨의 언어 진리의 언어』 p.237

27 윤회전생은 사실입니다. 선업(善業)을 지으면 그 공덕으로 반드시 천당, 하늘세계에 태어나 천상의 즐거움을 누리는 것은 엄연한 사실입니다.

확신을 갖지 못하는 어리석은 대중들을 위하여 붓다 석가모니께서 이렇게 명쾌히 선언하고 계십니다.

바로 이러한 것을 아라한 세존께서 설하셨다고 나는 들었다.
"비구들이여! 몸으로 착한 일을 하고 입으로 착한 일을 하며 뜻으로 착한 일을 하고 성현을 비난하지 않고 바른 견해를 가지며 바른 견해에 근거하여 착한 행위를 쌓아가는 사람은 죽은 후에 즐거운 경지인 하늘에 태어나는 것을 나는 보았다.

비구들이여! 나는 다른 사문, 바라문이 전하는 말에 의해 그렇게 말하는 것이 결코 아니다. 몸으로 착한 일을 하고 바른 견해에 근거하여 착한 행위를 쌓아가는 사람이 죽은 후에 하늘에 태어나는 것을 나는 보았기 때문이다.

뿐만 아니라 비구들이여! 스스로 안 것, 스스로 본 것, 스스로 이해한 것을 나는 설한다. 다시 말하면, '비구들이여! 몸으로 착한 일을 하고 바른 견해에 근거하여 착한 행위를 쌓아가는 사람이 죽어서는 하늘에 태어나는 것을 나는 보았다.'라고."

-이티붓타카 본 것 둘-[6]

28 "나는 다른 사문, 바라문이 전하는 말에 의해 그렇게 말하는 것이 아니다.

나는 스스로 안 것, 스스로 본 것, 스스로 이해한 것을 설한다."

벗이여, 어찌시렵니까? 아직도 믿지 못하겠습니까? 아직도 지

---

6)『기쁨의 언어 진리의 언어』 p.238

옥, 천상의 세계를 하나의 관념이나 허구적 상징이라고 주장하시렵니까?

  벗이여, 붓다 석가모니께서 맹세코 하시는 말씀을 믿지 못하면 이 세상에서 다시 무엇을 믿겠습니까?

회향발원 (지옥중생을 위하여)

  자비하신 부처님,

  저희들은 지금 듣고 있습니다. 지옥에서 울부짖는 우리 형제들의 고통의 신음을 들으며 눈물 흘리고 있습니다. 그리고 저것은 곧 저희 자신들의 신음소리임을 깨닫고 있습니다.

  항상 함께 하시는 자비하신 부처님,

  저희들 이제 두손 모아 부처님 앞에 공양 올리며 기도드립니다. 지장보살님 앞에 향을 사르며 기도드립니다. 불보살님의 불가사의한 위신력으로 지옥의 문을 파하여 주소서. 지옥 중생, 저희 사랑하는 부모 형제들을 구하여 주소서.

　　　　　　　　　　　　　　　　　　　　　－석가모니불 정근－

찬불가　빛으로 돌아오소서

내용익힘

1. 다음 문장을 완성해 봅니다.

  ① 수행자들아, (　) 나쁜 일을 하며 (　　) 나쁜 일을 하며 (　) 나쁜 일을 하고, (　　)을 비난하고 그릇된 (　　)를 가지며, 그릇된 (　　)에 근거해서 나쁜 행위를 쌓아가는 사람들이 죽은 뒤에는 (　) 경지, 곧 (　　), 괴로운 경지인 (　　)에 태어나는 것을 나는 보았다.

② 삼세인과(三世因果) (　　), (　)-(　)-(　)에 걸쳐서 스스로 지은 바 (　)에 따라서 (　)으로부터 (　)까지, 내 몸은 돌고 돈다.

③ 수행자들아, 스스로 (　), 스스로 (　), 스스로 (　)을 나는 설한다. 다시 말하면, "수행자들아, 몸으로 (　)을 하고 바른 (　)에 근거하여 착한 행위를 쌓아가는 사람이 죽어서 (　)에 태어나는 것을 나는 보았다."

2. 다음 물음에 간결하게 답합니다.

④ 소설 '어린 왕자'를 통하여 우리가 상상할 수 있는 것은?

⑤ 육도윤회(六道輪廻)란 무엇인가?

⑥ '일체중생(一切衆生)' 속에는 어떤 존재들이 다 포함되는가?

교리탐구 지장 보살은 어떤 분이신가?

실천수행 지장전〔명부전〕의 구조를 이해하고 선망(先亡) 조상님과 고혼들, 현세에서 고통받는 중생들을 위하여 지장기도를 드린다.

15과 • 지금 여기가 윤회의 현장

"수행자들아, 모든 것이 불타고 있다. 무엇으로 인하여 불타고 있는가? 탐욕의 불, 증오심의 불, 어리석음의 불로 인하여 타고 있다. 생(生)·노(老)·병(病)·사(死)·근심·슬픔·고통·번뇌의 불로 인하여 타고 있다."

-대품 수계품-

탐구과제
- 윤회는 현재 진행 중이며 윤회의 불길이 나 개인뿐만 아니라 우리 가정, 직장, 이 세상을 불태우고 있는 현실을 관찰합니다.
- 천당과 지옥을 누가 만든 것인가를 깨닫습니다.
- 윤회의 불길을 소멸시키기 위하여 지금 무엇을 할 것인가를 판단하고 실천합니다.

육도윤회는 현재 진행 중

29 "윤회전생, 우리는 수레바퀴처럼 돌고 돌면서 새 생(生)으로 태어난다."

이 말씀 듣고 편안하게 느낄 친구들이 있을지 모릅니다.

"그렇다면, 이 생〔수生〕에서 그렇게 애쓸 것이 없지 않을까. 다음 또 다음 생(生)도 있으니까. 이 지겨운 지구촌(地球村)을 버리고 어디 별나라로 훌쩍 떠나고 싶다."

이렇게 태만한 감상에 빠질지도 모릅니다. 그러나 이것은 실로 어이없는 착각이고 망상입니다. 교도소 감방에 들락날락하면서 별달기를 좋아하는 전과자나, 3수(三修) 4수(四修)하기 즐겨하는 수험생처럼 제 정신이 아니지요.

30 윤회전생은 실로 무서운 생사의 악순환입니다. 죽음의 악순환입니다. 그리이스 신화에 나오는 저 불쌍한 시지프스처럼 우리는 지금 생사의 무거운 바윗돌을 짊어지고, 윤회의 험한 산을 기어오르고 있습니다. 피투성이가 되어 봉우리 가까이 올라갔다가는 굴러 떨어지고, 다시 기어 올랐다가는 또 굴러 떨어지고…… 이 비참한 생을 우리는 얼마나 오랜 세월 되풀이해왔습니까?

만일 우리가 업경대(業鏡臺, 지난 생애의 업보를 다 비춰 보는 거울)를 통하여 윤회의 수렁 속에 허덕여온 자신의 처절한 모습을 볼 수 있다면, 아마 우리는 그 자리에서 낡은 초가(草家)처럼 허물어지고 말 것입니다.

붓다가야 성도(成道)의 새벽, 대광명으로 지난 생을 돌이켜 보신 석가모니께서는 이렇게 탄식하고 계십니다.

"수많은 생(生)을 윤회하며 끊임없이 돌고 돌면서, 오로지 고통의 생사계(生死界)를 헤매었구나." ―본생경1―

31 저 생사의 고통, 죽음의 공포는 지금 나를 압박하고 있습니다. 지옥의 맹렬한 불길은 여기 당신의 집을 불태우고 있습니다. 죽음은 때를 기다리지 않고, 지옥의 불길은 내생이 오기를 참아주지 않습니다.

윤회의 수레바퀴는 지금 여기, 나의 현존재(現存在) 위를 그대로 굴러가고 있습니다. 내가 사랑하는 모든 것들을 잔인하게 부수면서 무섭게 질주해가고 있습니다. 지옥의 불길은 당신의 소중한 모든 것들, 젊음·건강·아름다운 미소·재산·가정의 행복·사랑·우정·학문·사업…… 이 모든 것들을 잿더미로 만들면서 맹렬히 번져가고 있습니다.

벗이여, 아직도 윤회의 불길이 아득히 관념(觀念)의 안개 속에서 잘 보이지 않거든, 지금 곧 발길을 돌려 종합병원 복도로 달려가 보십시오. 화장터의 검은 연기, 감방의 철창, 남편을 고발하고 아내를 해치는 저 도시의 집들로 달려가 보세요.

32 우리는 전생을 태어나기 전의 과거에서 찾고, 내생을 죽은 뒤의 미래에서 찾을 만큼 한가하지 못합니다. 지옥을 2만 유순(由旬, yojana, 거리의 단위, 1유순은 약 4백 리) 지하의 암흑 속에서 찾을 만큼 충분한 시간을 갖지 못하고 있습니다.[1)]

무슨 까닭인가?

지금 바로 여기, 우리의 이 삶이 삼세인과 육도윤회의 치열한 현장이기 때문입니다. 윤회전생(輪廻轉生)은 곧 현재상황(現在狀況)으로 진행되고 있기 때문입니다.

벗이여, 저 김인애 여인이 보이지 않습니까? 오빠에게 짓밟히고 형부에게 짓밟히고, 동생을 죽이고 조카들을 독살하고, 감옥에서 죽어가는 저 김인애 여인의 절규가 들리지 않습니까?

"인생이란 이런 것일까요. 인간이란 정녕 신이 잘못 만든 것에 불과할까요. 이제 23살의 나이에 인간으로서의 너무 많은 한을, 세상의 한을 안고갑니다. 잔인한 삶, 이 지옥 같은 삶을 빨리 벗어나고 싶습니다. 인간으로는 다시 태어나지 않겠습니다."

33 "잔인한 삶, 이 지옥 같은 삶을 빨리 벗어나고 싶습니다. 인간으로 다시 태어나지 않겠습니다."

바로 이것이 윤회의 현장입니다. 지금 우리들 눈앞에서 분명한 현실로 벌어지고 있는 육도윤회의 현장입니다. 지옥은 죽음 다음 저 세상에 가서만 만나는 것이 아닙니다. 저 여인의 삶이 곧 현생의 지옥입니다. 지옥은 금생에도 만나고 죽음 다음에도 만나니

---

1) 『구사론』에 의하면 8개의 지옥〔八熱地獄〕이 있는데, 최하층의 무간지옥(無間地獄, Avīci)은 지표에서 2만 유순 밑에 있다. 김지견, 『現代人을 위한 佛敎』, pp.37~49

다.

천당지옥 누가 만들었나

34 벗이여, 저 김인애 여인을 바라보세요. 저 여인이 왜 저렇게 되었습니까? 23살의 꽃다운 나이로 어찌하여 교수대에 목이 메여 지옥으로 떨어지고 있습니까? 김인애 여인의 오빠는 또 어찌된 겁니까? 무엇 때문에 젊디 젊은 나이의 이상에 불타 오르는 청년의 몸으로 이 생을 포기하고 스스로 총을 쏘아 생명을 끊고 있습니까? 저 여인의 형부는 또 어찌된 겁니까? 무엇 때문에 생명같이 소중히 기르던 두 자녀가 이모의 손으로 독살되는 지옥같은 고통과 슬픔을 만나게 됩니까?

저 악몽 같은 지옥현장이 대체 누구 때문입니까? 신의 뜻입니까? 부처님의 뜻입니까? 아니면 운명입니까? 우연입니까?

35 벗이여, 한번 생각해보세요. 신이 설령 존재한다 한들, 신이 무엇 때문에 저런 지옥을 만들어내겠습니까? '신의 뜻'이라고 할지 모르지만, '구원하기 위한 신의 뜻'이라고 할지 모르지만, 이것은 어린애 생각에도 미치지 못하는 어리석고 유치한 발상이 아닙니까? 만일 자식을 바른 사람 만들기 위해서 자식의 팔다리를 분질러서 병신을 만들어 놓는 부모가 있다면, 그를 과연 부모라고 할 수 있겠습니까? 부모의 사랑 때문이라고 할 수 있겠습니까?

그럼 누구 때문인가? 천당 지옥은 누구의 뜻인가?

벗이여, 이미 우리는 그 대답을 알고 있지 않습니까? 천당도 지옥도 바로 나 자신 때문에, 당신 자신의 뜻으로 스스로 만들어낸 것이라는 도리를 이미 우리는 알고 있지 않습니까? 지옥에서 천당까지, 이 모든 세계가 우리가 업(業)을 지어 스스로 만들고 있다는 자작자수(自作自受)의 도리를 우리는 이미 알고 있지 않습니까?

세존 말씀을 경청합니다.

"이승에서 걱정하고 죽어서 걱정하고
악을 행한 사람은 두 곳에서 걱정한다.
이것도 걱정이요, 저것도 두려움
죄를 지은 자기의 어려운 업(業) 때문에.

이승에서 기뻐하고 죽어서 기뻐하고
선을 행한 사람은 두 곳에서 기뻐한다.
이것도 기쁨이요, 저것도 즐거움
복을 지은 자기의 깨끗한 업(業)을 보고." ―법구경 쌍서품―

36 지옥의 불씨는 저 오빠의 혼미한 생각입니다. 파멸의 불씨는 저 형부의 어리석은 생각과 야만스런 행위입니다.

저 오빠와 형부가 어리석은 생각과 악한 행위로 지옥 불을 질렀고 수많은 생명들이 그 불길에 휩쓸려 몸을 태우며 파멸해 갔습니다. 바로 이것이 동업중생(同業衆生)의 슬픈 운명 아닙니까? 누가 배에 불을 지르면 죄없는 아이들마저도 불길에 휩쓸려 함께 죽어가야 하는 것이 냉엄한 업보(業報)의 원리, 인과응보(因果應報)의 원리 아닙니까?

37 혼미한 생각[煩惱, 惑―혹]이 나쁜 행동[業]을 일으키고 그 결과 무서운 고통[苦]의 갚음을 받습니다. 혼미한 생각[惑]―나쁜 행동(業)―고통[苦], 곧 혹(惑)[2] 업(業)―고(苦), 이것이 일체의 윤회전생을 몰고 오는 악순환의 고리입니다. 지옥을 만들어

내는 윤회의 고리이지요.
 경(經)에서 경책하십니다.

 "모든 중생들이 몸으로 악업을 지으며, 입으로 악업을 지으며, 생각으로 악업을 지으며, 성현을 비방하여 삿된 견해〔邪見-사견〕를 일으키고, 삿된 견해로 삿된 업을 짓는 까닭에 이것으로 인하여 몸이 무너지고 명(命)이 다하면, 반드시 지옥에 떨어지느니라."
―화엄경―

38 "몸이 무너지고 명(命)이 다하면 지옥에 떨어지느니."

 이 말씀 함부로 들어서는 안 됩니다. 먼 뒷날 얘기, 죽은 다음의 얘기로 들어서는 큰일납니다. 순간순간 우리들의 몸은 무너지고 윤회의 불길은 우리들의 몸을 태우고 있습니다. 지옥의 불길은 지금 여기 우리 자신들을 태우고 있습니다.

 벗이여, 당장 오늘 신문 사회면을 펼쳐보십시오. 텔레비전 뉴스 다이얼을 틀어보십시오. 거기 타오르는 윤회의 불길이 보이질 않습니까? 거기 지옥의 신음소리가 들리지 않습니까?

 '8일 오전 1시 30분쯤 경기도 남양주군 별내면 도로변 배밭에서 서울1바 9581 택시기사 송○○ 씨(36세·서울)가 10대 여고생으로 보이는 택시승객을 성폭행한 후 목졸라 살해 유기하는 것을 남양주 경찰서 별내지서 소속 심○○ 경장(38세) 등이 발견 검거했다.'[2]

 문득 펼쳐든 오늘 석간신문 한 구석에 1단으로 조그맣게 기록된 이 몇 줄의 기사, 그러나 우리는 결코 소홀히 지나칠 수 없습니다. 무슨 까닭인가? 저것은 한 탐욕스런 인간이 번뇌와 악업으

---

2)「중앙일보」제8338호 (1992년 6월8일) 23면

로써 스스로 빚어낸 처참한 윤회의 불길이기 때문입니다. 저 불길은 가련한 한 여고 3학년생을 태우고 자신을 태우며 머지않아 나와 우리 자녀들을 태울 것이기 때문입니다.

보라! 세상은 모두 불타고 있다

39 더욱 곤란한 것은 저 윤회의 불길이 내 몸, 내 가정만 태울 뿐 아니라 우리 사회, 우리 민족, 온 지구촌을 맹렬히 태우고 있다는 사실입니다.

'직업병인 이황화탄소(CS_2) 중독증세로 지난 1월5일 숨진 (주)원진레이온 퇴직 근로자 김봉환(金峰煥) 씨(52세)의 유족과 이 회사 노조원 등 50여 명은 31일 오후 2시 경부터 경기도 미금시 도농동 회사 정문 앞에 김씨의 유해가 든 관을 옮겨 놓고 회사측이 김씨의 직업병을 인정하고 보상할 것을 요구하며 무기한 농성에 들어가 이틀째 농성을 계속하고 있다.'[3]

'아황산가스·이산화질소 등이 공기 속 물 성분과 결합해 내리는 산성비의 피해는 이미 유럽 일대를 휩쓸어 '죽음의 비'임을 입증하고 있다. 스웨덴에서는 10만 개의 호수 가운데 2만 곳이 산성비로 오염됐고 6천 곳의 호수는 아예 물고기가 살 수 없는 죽음의 호수로 변했다. 우리나라에서도 최근 서울 구로공단 부근 전철의 전선이 산성비 때문에 끊기는 사고가 발생하는 등 지구촌의 극심한 산성비 피해가 성큼 다가오고 있다는 것이 전문가들의 진단이다.'[4]

---

3) 「동아일보」 제21431호(1991년 4월1일) 14면
4) 「중앙일보」 제8328호(1992년 5월29일) 11면

제5장 윤회의 현장은 어디인가? 203

40 직업병에 걸려서도 '직업병' 인정조차 못받고 가난 때문에 죽은 노동자, 시신을 메고 보상을 요구하며 밤을 세우는 유가족과 노동자들……

물고기조차 살 수 없는 죽음의 호수로 변해가는 강들, 철선조차 녹이며 우리 머리 위로 쏟아지는 산성비….

저것은 실로 이 나라와 이 지구촌을 불태우고 있는 사나운 윤회의 불길입니다. 이 세계는 지금 바로 이러한 윤회의 불길 속에 휩쓸려 맹렬히 불타오르고 있습니다.

어느 때 붓다 석가모니께서 제자들을 이끌고 가야산에 올라 마침 큰 화재로 불타고 있는 왕사성을 보시고 이렇게 말씀하셨습니다.

"수행자들아, 모든 것이 불타고 있다. 무엇으로 인하여 불타고 있는가? 탐욕의 불, 증오심의 불, 어리석음의 불로 인하여 타고 있다. 생(生)·노(老)·병(病)·사(死)·근심〔愁〕·슬픔〔悲〕·고통〔苦〕·번뇌〔惱〕의 불로 인하여 타고 있다."
　　　　　　　　　　　　　　　　　　　　　　　－대품 수계품－

41 노동자와 기업가 사이의 갈등, 농민과 도시인 사이의 갈등, 기성세대와 청년세대 사이의 갈등, 지역간의 갈등, 정치세력 사이의 갈등, 민족간의 갈등, 인종간의 갈등, 인간과 자연 사이의 갈등, 종교간의 갈등, 사상과 이데올로기 사이의 갈등. 이 갈등에서 벌어지는 불화와 적대와 투쟁과 살륙과 파괴….

이것은 궁극적으로 집단의 탐욕과 증오심과 어리석음이라는 집단 업력으로 인하여 타오르는 윤회의 불길, 지옥〔고통〕·아귀〔탐욕〕·축생〔무지〕·아수라〔폭력〕의 불길입니다.

이 집단 업력의 불길은 맹렬하고 거대하여 나를 내버려두지를 않습니다. 내가 아무리 선하게 깨끗하게 살아가려해도 그 불길은 조그맣고 평화로운 내 공간을 사정없이 휩쓸어 버립니다.

L·A 하늘을 꺼멓게 뒤덥는 저 잔인한 파괴와 약탈의 불길, 그 속에서 모든 것을 잃고 탄식하는 김한나 여인, 벗이여, 대체 저 여인은 무슨 잘못이 있기에 이 엄청난 불길 속에 20년 인생을 잿더미로 날려야 합니까?

42 윤회는 남의 일이 아닙니다. 육도윤회는 죽어 저 세상 가기를 기다리지 않습니다. 윤회는 지금 여기, 나와 당신의 하루하루의 삶 속에서 벌어지고 있습니다. 지옥의 불길은 나 자신의 몸과, 소중한 우리 가정, 우리 마을, 우리 직장, 우리 동포들, 우리 조국, 하나밖에 없는 이 지구촌을 잔인하게 파괴하며 맹렬히 번져가고 있습니다.

그런 까닭에 우리는 나 자신의 문제뿐만 아니라 우리 마을과 직장, 우리 동포들과 우리 민족, 이 지구촌의 문제들에 관하여 깊은 애정과 관심을 가지고 함께 생각하고 함께 연구하지 않으면 안 됩니다. 윤회의 고통 속에 빠져 허덕이고 있는 불행한 형제들을 건져내는 작업에 힘껏 정성을 다하여 동참하지 않으면 안 됩니다. 우리 사회에서 윤회의 원인이 되는 집단 업력 — 탐욕과 증오심과 어리석음을 해소시키려는 작업에 내가 먼저 나서지 않아서는 안 됩니다.

무슨 까닭인가?

이 집단 업력을 버려두고 나와 내 가정의 행복을 추구하는 것은 불에 휩싸여 침몰하는 여객선 가운데에 있으면서 제 선실 문만 단속하는 무지몽매 바로 그것이기 때문입니다.

43 벗이여, 이제 우리가 할 일은 분명해졌습니다. 벗이여, 이제 우리 떨치고 일어나 저 불길의 현장으로 달려가야 하지 않겠습니까? 불길 속에 갇힌 형제들을 구출해내고 우리 몸을 던져서라도 불길을 잡아야 하지 않겠습니까?

세존께서 가섭 보살에게 말씀하십니다.

"선남자야, 내가 이제 너를 위하여 장수하는 법을 설하리라.
 보살이 만약 장수하기를 원하거든, 일체중생을 구제할 생각을 하라. 크게 사랑하고〔大慈〕, 크게 슬퍼하며〔大悲〕, 크게 기뻐하고〔大喜〕, 크게 버리는〔大捨〕 마음을 내어 살생하지 않는 계율을 주고, 또 지옥·아귀·축생·아수라 등 일체의 악한 세계에 들어가 고뇌하는 중생을 일깨워 고통에서 벗어나지 못한 자를 벗어나게 하고, 평화에 이르지 못한 자를 평화에 이르게 하며, 두려워하는 자를 편안케 함으로써 긴 수명을 얻고 자유자재한 지혜를 얻으리라."

－화엄경 장수품－

회향발원 (이 무서운 눈앞의 불길 어찌하오리까?)

자비하신 부처님,
삼세인과, 육도윤회는 먼－뒷날의 얘기가 아니로군요. 삼세는 바로 지금 현재, 육도는 바로 여기, 윤회의 불길은 맹렬한 생사의 불길이 되어 지금 여기서 내 몸을 태우고 우리 가정을 태우며 이 사회, 이 민족, 이 지구촌을 태우고 있군요.
항상 함께 하시는 자비하신 부처님,
이 두려운 불길을 어찌하오리까? 오늘도 무고하게 죽어가고 파멸되어가는 이 수많은 생명들 어찌하오리까? 지금 저희는 진정 어찌해야 합니까? 보고만 있어야 하는 겁니까?

－석가모니불 정근－

찬불가 부처님 자비손길

내용익힘

1. 다음 문장을 완성해 봅니다.
   ① 수행자들아, 모든 것이 불타고 있다. 무엇으로 인하여 불타고 있는가? (　　)의 불, (　　)의 불, (　　)의 불로 인하여 타고 있다. (　)(　)(　)(　)(　)(　)(　)(　)의 불로 인하여 타고 있다.
   ② 천당도 지옥도 바로 (　　)때문에, (　　)의 뜻으로 스스로 만들어 낸 것, 지옥에서 천당까지, 이 모든 세계가 우리가 (　)을 지어 스스로 만들고 있다는 (　　)의 도리를 이미 우리는 알고 있지 않습니까?
   ③ 윤회는 (　)이 아닙니다. (　)는 죽어 저 세상 가기를 기다리지 않습니다. 윤회는 (　), 나와 당신의 하루하루의 삶 속에서 벌어지고 있습니다. (　)의 불길은 (　)의 몸과 소중한 (　), (　), (　), (　), (　) 하나밖에 없는 이 (　)을 잔인하게 파괴하며 맹렬히 번져가고 있습니다.

2. 다음 물음에 간결하게 답합니다.
   ④ 윤회의 현장이 어디인가?

   ⑤ 천당과 지옥은 누가, 어떻게 만든 것인가?

   ⑥ 왜 우리는 불길 속의 형제들을 먼저 구출해내야 하는가?

교리탐구 사무량심(四無量心)이 무엇인가?

실천수행 장기 기증 방법에 관한 정보를 파악하고 장기 기증을 위한 구체적인 준비를 진행한다.

단원정리

● **합송** 윤회의 현장으로 달려간다

법사 선남 선녀들아, 윤회를 봅니까? 전생을 봅니까?

대중 그러합니다. 윤회를 봅니다. 삼세인과(三世因果)가 물고 물리어 수레바퀴처럼 끊임없이 돌고 돌아가는 윤회의 실상을 고요히 관(觀)하고 있습니다. 저희는 전생을 봅니다. 비록 지금 눈 어두워 여실히 보이지 않는다 할지라도, 거울에 비친 저희 얼굴을 바라보면서 바로 이것이 전생의 결실임을 관하고 있습니다.

법사 선남 선녀들아, 지옥을 봅니까? 천상 세계를 봅니까?

대중 그러합니다. 저희들은 지옥을 봅니다. 지옥과 천상세계를 함께 관(觀)하고 있습니다. 지옥에서 천상까지, 윤회의 수레바퀴가 끊임없이 굴러가는 모습을 관하고 있습니다. 세상 사람들은 "그것은 거짓이다. 지옥도 천상도 꾸며낸 것이다." 주장할지 모르지만 "나는 보았다. 나는 내 눈으로 직접 보았다."는 붓다 석가모니의 증언을 어찌 믿지 않으리까?

법사 선남 선녀들아, 윤회는 지금 어디 있습니까? 윤회의 수레바퀴는 지금 어디로 굴러가고 있습니까?

대중 윤회는 바로 저희들 눈앞에서 벌어지고 있습니다. 윤회는 전생과 내생의 고통이기에 앞서 오늘 저희들의 현실 속에서 벌어지고 있습니다. 지옥의 고통은 죽어 저 세상의 심판에 앞서 지금 저희가 당하는, 불안이며 공포입니다. 지금 여기가 바로 윤회의 현장, 윤회의 불길은 내 인생과 우리 가정, 직장, 이 민족, 이 지구촌을 태우면서 번져가고 있습니다.

다함께 벗이여, 선남 선녀들이여, 어서 떨치고 일어나세요. 이제 우리가 해야 할 일은 명백합니다. 우리는 저 윤회의 현장으로 긴급히 달려가지 않으면 안 됩니다. 우리가 탄 배가 거대한 불길에 싸여 침몰하고 있는데, 작은 방의 문을 걸어 잠그고 나만의 이익, 내 가족만의 행복을 추구한들, 이것은 얼마나 어리석고 허망한 일입니까? 그런 까닭에 이제 우리는 힘껏 물통을 둘러메고 저 거대한 불길의 현장으로 달려가는 것입니다. 몸 바쳐 불길을 잡고 갇힌 형제를 구출해 내는 것입니다. 이것만이 윤회를 벗어나 불멸을 실현하는 해탈의 길인 것입니다.

● **창작** 사형수 여인의 사건을 입체낭독으로 구성하여 발표합니다.

● **법담의 시간**
1. 주제 : 장기 기증의 실제적 방법에 관하여
2. 주요내용 : ① 뇌사 문제에 대한 불교적 견해는?
　　　　　　② 장기 기증의 외국 사례는?
　　　　　　③ 장기 기증의 불교적 의미는?
　　　　　　④ 불교계의 장기 기증 운동 상황은?
　　　　　　⑤ 장기 기증을 실천할 수 있는 구체적 방안은?

제6장

무엇이 불사(不死)의 삶인가?

"아난다야, 나는 이제 여든 살, 늙고 쇠하였다. 아난다야, 마치 낡은 수레가 가죽 끈으로 묶여 겨우 움직이는 것처럼, 나의 몸도 가죽 끈으로 묶여 겨우 조금 움직이고 있는 것과 같으니라."

— 마하파리닙바나 —

제6장 무엇이 불사(不死)의 삶인가?   211

이끄는 말

우리도 부처님같이

❶ "죽음이란 무엇인가?"
"죽음은 종말인가? 죽으면 만사 끝인가?"
많은 친구들이 이렇게 회의하며 두려워하고
있습니다.
"죽음을 벗어나는 길은 없는가?"
"불사(不死)의 길은 정녕 없는 것인가?" 많은
친구들이 또 이렇게 갈망하며 영생을 찾아
헤매고 있습니다.

❷ 6장은 「불사(不死)의 장」입니다. 죽음을 넘어선
해탈(解脫)의 삶에 관하여 탐구할 것입니다.
여기에서 우리는, 모든 이론을 초월하여
불사(不死) 불멸(不滅)을 살아가는 구체적인
삶의 방법을 발견하고 죽음이 본래 없는 이치를
깨닫게 될 것입니다.

❸ 벗이여, 선남 선녀들이여.
이제 우리 굳건한 의지로 분발하여, 거룩한 스승
붓다 석가모니의 뒤를 좇아서 불사(不死)의 길로
나아갑시다. 믿으며, 배우며, 함께 나누며, 오늘
하루, 정성을 다하여 수행의 길로 나아갑시다.
벗이여, 이제 우리 앞에 불사의 문이 크게
열렸습니다.

참새와 사형수[1]

　방영근(方永根)은 대구 교도소의 사형수다. 결혼 비용의 빚을 갚기 위해 주인집 방에 들어가 텔레비전을 훔치다가 발각되어 실수로 주인 영감님을 밀어뜨린 것이 그만 뇌진탕을 일으켜 주인 영감님이 돌아가시고, 그는 대법원에서 사형 선고를 받았다.
　그가 박삼중(朴三中) 스님을 만난 것은 스님이 열다섯 명의 최고수(最高囚)들을 위하여 베푼 옥중 공양 모임에서다. 그는 그때까지 이교(異敎)를 믿고 있었는데, 이 공양이 인연이 되어 마침내 불교로 개종해서 부처님께 귀의하였다. 그 날, 그는 불상과 한글본 불경을 차입받고 스님에게 다짐하였다.
　"제게 주어진 삶이 있는 동안 알게 모르게 지은 죄를 참회할 겁니다. 법사님, 제 손을 잡아주십시오."
　소내에서 그는 수의를 벗고 회색 수행복으로 갈아입었다. 잡범들과 혼거하는 그의 감방 안에는 불상이 모셔졌다. 그는 무서운 열정으로 부처님께 예배하고, 불경을 읽으며, 참선하고 정진하였다. 그러면서 그의 삶은 전혀 새롭게 변혁되어 갔다. 사형수에게서 흔히 나타나는 난폭한 증세와 절망적인 어둠을 그에게서는 찾아볼 수 없었다. 그는 항상 부드럽고 조용하며, 신입 수인들에게도 친형처럼 따뜻히 대해주었다.
　그러던 어느 날, 적막한 그의 감방에 참새 두 마리가 입소하였다. 사역 나갔던 감방 동료가 쓰레기 통에 버려진 것을 장난삼아

---

1) 박삼중, 『참새와 사형수』 pp. 240~270

갖고 온 것이다. 그 중의 한 마리는 다리가 골절되어 있었는데 그는 안티프라민을 발라주고 젓가락과 붕대로 기부스를 하였다. 여덟 명이 기거하는 좁은 공간 한 귀퉁이에 옷가지로 새 둥지를 만들어놓고 그는 정성으로 돌보았다. 참새란 놈이 입이 짧아서 먹이를 잘 먹지 않자, 그는 비둘기[감방 안의 비밀 통신]를 날려 달걀과 조를 구해서 연한 먹이를 만들어먹였다. 짙은 우울이 감도는 감방 속에서 이 참새 두 마리의 노래는 더할 수 없는 위안과 희열을 안겨주었다.

그러나 꼬리가 밟혔다. 소장의 불시 순찰에 발각되어 소내 규칙을 어긴 죄로 그는 깜깜한 독방에 들어가 수갑을 차고 지내는 가혹한 징벌을 받았다. 이 벌에서 풀려나자 그의 참새 양육은 여전히 계속되었다. 그의 정성이 예외를 인정받은 것이다.

최후의 날이 가까웠다. 그의 재심(再審)을 위해 스님이 동분서주하였으나 끝내 실패하고 말았다. 사형수 특유의 감각으로 그의 운명을 예감한 방영근은 어느 날 감방 동료들이 모두 사역 나간 틈을 타서 그의 '희'와 '혜'[그는 참새를 이렇게 명명하였다]를 풀어주었다. 창살 밖으로 날려 보낸 다음 다시 돌아오지 못하도록 창살 구멍을 꼭꼭 봉하고 말았다.

누군가 방문 앞에 멎었다.

"방영근 나와, 애인이 면회 왔어."

그는 그의 죽음이 현실로 다가왔음을 직감하였다. 그는 양 옆구리를 끼고 있는 두 교도관의 팔을 슬그머니 밀쳐내고 조용히 혼자 걸어갔다. 지하 계단을 내려서며 그는 뒤돌아보았다.

"육체의 죽음은 두려운 게 아닙니다. 육체란 헌 옷과 같은 것, 나는 지금 그 헌 누더기를 벗고 새 옷으로 갈아 입으러 가는 길이니, 얼마나 시원하고 홀가분한지 모릅니다."

그는 하얀 의자에 앉으며 낭랑한 목소리로 노래하였다.

"마하반야바라밀다심경 관자재보살 행심반야바라밀다시 조견오온개공 도일체고액……"

1976년 12월 16일 밤.

그의 나이 이십팔 세. 방영근의 인생이 조용히 매듭되었다.

그의 최후를 지켜본 입회자들은 한결같이 입을 모았다.

"어느 조사(祖師)나 고승(高僧)이 이승을 하직할 때 그렇게 의연할 수 있겠는가."

16과 • 사성제(四聖諦)에 의지하여

"이는 고(苦)다.
이는 고의 원인〔苦集〕이다.
이는 고의 소멸〔苦滅〕이다.
이는 고의 소멸에 이르는 길〔苦滅道〕이다." ─중부경전 말륜카경─

탐구과제
- 사슴동산 첫 설법의 요지를 바르게 이해합니다.
- 사제 팔정도의 요지를 바르게 이해합니다.
- 사제 팔정도를 잘 기억하고 외우며 현실문제에 적용하는 수련을 쌓아갑니다.

사슴동산의 첫 설법

1 "붓다의 가르침은 실현되었다.
붓다의 가르침을 모두 실현하였다."

초기경전에는 이러한 표현이 빈번히 등장하고 있습니다. 고된 노력 끝에 진리에 눈뜨고 깨달음을 증득한 수행자들이 자신들의 체험을 고백하면서 대개 이런 표현을 쓰고 있습니다.

이 고백을 통하여 우리가 발견하게 되는 하나의 사실은, 초기불교의 수행자들이 얼마나 충실히, 열성적으로 스승 붓다의 가르침을 따르고 있는가 하는 것입니다. 그들은 결코 자유분방한 자기류(自己流)가 아닙니다. 자기 방식대로 살고 자기 방식대로 수행하지 않았습니다. 옷 입고 식사하는 하나하나를 엄격히 스승 붓다의 가르침에 따랐고 좌선하고 관찰하는 수행 하나하나를 스승 붓다의 가르침 따라 실천한 것입니다. 그 결과 진리를 발견하고 해탈을 증득하게 될 때에도 "나의 깨달음이 정도인가? 사도인가?" 하는 것마저 스승 붓다의 가르침에 의지하여 검증하고 확인한 것입니다.

수간다 장로(長老)는 이렇게 고백하고 있습니다.

"나는 우안거(雨安居) 동안에 수행을 마친 뒤 만행에 나섰다. 보라, 가르침이 진리에 한치도 어긋나지 않은 것을! 세 가지 명지(明知)[1]를 체득하고 붓다의 가르침을 실현했다."

―장로게경/수간다 비구―[2]

2 붓다의 가르침이 무엇인가?

우리가 의지하고 마침내 실천해내야 할 붓다의 가르침이 무엇인가?

우리는 그것을 사슴동산의 첫 설법에서 경청할 수 있습니다. 붓다의 수많은 가르침 중에서 근본이 되는 것을 우리는 이 첫 설법에서 발견할 수 있습니다. '초전법륜(初轉法輪)'으로 불리는 이 설법은 크고 완전한 깨달음(Anuttara-Samyak-Sambodhi, 아뇩다라삼먁삼보리)을 실현한 직후 최초의 설법이라는 점에서 뿐만 아니라 45년간의 설법을 향도하는 근본 가르침이라는 점에서 보다 중요한 의미를 지니는 것입니다.[3]

'초전법륜(初轉法輪), 사슴 동산의 첫 설법'

우리는 이 설법을 붓다의 근본 가르침으로 믿고 의지하며, 우리

---

1) 세 가지 명지(三明知)는 숙명통(宿命通)―전생을 아는 지혜, 천안통(天眼通)―모든 사물을 꿰뚫어 보는 지혜, 누진통(漏盡通)―모든 번뇌를 다 여읜 깨달음의 지혜이다.
2) 『비구의 고백, 비구니의 고백』 p.28
3) 마쓰야후미오저/이원섭 역 『아함경 이야기』 (현암사, 1991) p.29

불자들의 『근본심경(根本心經)』 『초전심경(初轉心經)』으로 존중하여 읽고 외우며 독송하고 실천해갈 것입니다.

3 설법을 결심하신 붓다 석가모니는 붓다가야의 보리 도량을 출발하여 250km의 먼 길을 맨발로 걸어서 바라나시 사슴 동산으로 행진하십니다. 사슴 동산에 도착하신 붓다 석가모니는 듣기를 거부하는 다섯 수행자를 설득하여 들을 마음을 내게 한 다음, 첫 설법을 시작하십니다.

"수행자들아, 귀를 기울여라. 나는 불멸(不滅)을 얻었노라. 나는 이제 법을 설하리니, 가르치는 대로 따라 행하면 그대들도 오래지 않아 위없는 범행을 알고 실증하며 거기에 주하리라.

수행자들아, 수행자는 두 극단을 피해야 한다. 두 극단이란 무엇인가? 하나는 모든 욕망에 탐닉하는 것이니, 이것은 저열하고 야비하고 어리석고 성스럽지 못하다. 다른 하나는 자신의 고난에 열중하는 것이니, 이것은 고통스런 것이라 성스럽지 못하고 어리석으며 이익됨이 없느니라. 수행자들아, 여래는 이 두 극단에 의지하지 않고 중도(中道)를 깨달았다. 이것은 눈이요, 지혜다. 고요함, 이해, 깨침, 열반에 이르는 것을 돕는 것이다.

수행자들아, 무엇을 일컬어 중도(中道)라 하는가?

곧 바른 견해〔正見〕·바른 생각〔正思惟〕·바른 말〔正語〕·바른 행위〔正業〕·바른 생활〔正命〕·바른 정진〔正精進〕·바른 관찰〔正念〕·바른 마음의 안정〔正定〕의 팔정도가 그것이다. 또 사성제(四聖諦)가 있으니, 곧 고성제(苦聖諦)·고집성제(苦集聖諦)·고멸성제(苦滅聖諦)·고멸도성제(苦滅道聖諦)가 그것이다.

수행자들아, 이 사성제는 본래 듣지 못한 법인데, 마땅히 알 것을 내가 이미 알아서 지(智)가 나고 눈이 나고 깨달음이 나고 밝음(明)이 나고 통(通)함이 나고 혜(慧)가 났느니라.

수행자들아, 내가 만약 이 사성제를 여실히 알지 못했다면 나는 위없는 바른 깨침을 얻지 못했을 것이다. 그러나 나는 이 사성제를 여실히 알아서 나는 지금 위없는 바른 깨침을 이루었다. 그러므로 아무 의심도 걸림도 없이, 나는 이 사성제를 설한다. 여래가 이 사성제를 설하는 가운데, 이것을 깨닫는 이가 없다면 여래는 법륜(法輪)을 굴리지 않을 것이요, 깨닫는 이가 있다면 여래는 법륜을 굴릴 것이다."

　이 설법이 끝나자 수행자 카운디냐[Kaundinya,교진녀]는 티끌(번뇌)을 멀리하고 때[垢]를 여의어 진리의 눈을 얻었다. 그는 깨달았다.

　"집(集)의 법이 멸(滅)의 법이로다."
　이때 땅과 하늘의 신들이 일제히 소리치며 기뻐하였다.

-상응부경전 56, 11 잡아함경/전법륜-

4 저 유명한 첫 설법[초전법륜(初轉法輪)]에서 붓다 석가모니께서 밝히신 요지는 다음과 같이 정리할 수 있을 것입니다.
　첫째, 나는 중도(中道)를 깨달았다
　둘째, 중도는 곧 사제 팔정도(四諦 八正道)이다.
　셋째, 나는 사제 팔정도를 깨달음으로써 눈을 떠서 지혜의 빛을 얻고 해탈하여 불멸(不滅)을 실현하였다.
　넷째, 그대들도 여래의 가르침대로 따라 열심히 수행하면 머지않아 눈을 뜨고 해탈하여 불멸을 실현하게 될 것이다.

이것은 고(苦)다. 이것은 고의 원인[苦集]이다

5 이제 우리들의 관심은 오로지 사제 팔정도로 쏠리고 있습니다. 사제 팔정도야말로 깨달음에 이르는 최선의 길이기 때문입니다. 사제 팔정도, 이 네 가지 거룩한 진리야말로 윤회의 불길을 끄고 죽음의 공포를 벗어나 불멸의 삶을 실현하는 가장 확실한 길이기 때문입니다.

"사제 팔정도(四諦 八正道)가 무엇인가?"

붓다 석가모니께서 깨우쳐 보이신 '네 가지 거룩한 진리'란 무엇인가?

생사의 번뇌로 인하여 고뇌하며, '이것인가?' '저것인가?' 방황하고 있는 제자 말룽캬(Maluṅkyā)를 향하여 붓다 석가모니께서 이렇게 명쾌히 선포하십니다.

"그러므로 말룽캬여, 내가 설하지 않은 것은 설하지 않은 채로 수지(受持)함이 좋고, 내가 설한 일은 설한 대로 받아지님이 좋으리라.

그러면 말룽캬여, 내가 설한 것이란 무엇인가?

'이는 고(苦)다.'라고 나는 설한다.

'이는 고의 원인[발생]이다.'라고 나는 설한다.

'이는 고의 소멸이다.'라고 나는 설한다.

'이는 고의 소멸에 이르는 길이다.'라고 나는 설한다.

말룽캬여, 왜 나는 이것을 설하였는가?

말룽캬여, 이것은 진정 이익이 되고, 범행의 기초가 되며, 고요함·지혜·깨달음·열반에 도움이 되느니라. 그런 까닭에 나는 이것을 설하였느니라."

― 중부경전 말룽캬경 ―

6 "이는 고(苦)다[苦諦, 苦聖諦].

이는 고의 원인이다〔苦集諦, 苦集聖諦〕.
이는 고의 소멸이다〔苦滅諦, 苦滅聖諦〕.
이는 고의 소멸에 이르는 길이다〔苦滅道諦, 苦滅道聖諦〕."

 이것을 우리는 '사제(四諦)' '사성제(四聖諦)', 곧 '네 가지 거룩한 진리'라 일컬으며 흔히 '고(苦)·집(集)·멸(滅)·도(道)'라고 줄여 말합니다.[4]

7 "이는 고(苦)다."[5]

 무엇이 고(苦)인가? 무엇이 고통인가?
 곧 윤회의 불길입니다.
 궁극적으로 이것은 죽음의 고통, 죽음의 공포입니다.
 나도 언젠가 죽어야 한다는 두려움, 아니 내 육신이 순간순간 죽음을 향하여 달려가고 있다는 두려움이 고통의 짐이 되어 내 어깨를 무겁게 짓누르고 있습니다. 그런 의미에서 우리는 모두 사형수일는지도 모릅니다. 저 방영근 님이 컴컴한 독방에 갇힌 사형수라면, 나와 당신은 육도(六道)라는 불타오르는 보다 큰 방에 갇힌 사형수일지 모릅니다.
 그러나 지금 많은 사람들은 이 고통을 자각하지 못하고 있습니다. 일부러 외면하면서, 죽음의 불길로부터 달아나기 위하여 몸부림치고 있습니다. 부(富)·명예·쾌락에 빠져 죽음의 고통을 외면하려 합니다. 불타 침몰하는 배에서 깊은 잠에 빠져 있습니다.
 그러나 이것은 아주 어리석으며 위험한 상태입니다. 무거운 병에 걸린 자가 그 증상을 자각하지 못하거나, 자각하더라도 "아냐,

---

 4) 앞의 책 p. 36
  水野弘元/무진장 역 『佛敎의 基礎知識』(弘法院, 1984) p. 190
 5) 앞의 책 p. 197

나는 병에 걸리지 않았어."라고 고집하면서 치료를 거부한다면 어찌 되겠습니까? 살아날 길을 영영 놓치고 마는 것 아닙니까? 그런 까닭에 "나는 병들었다. 나는 병 때문에 괴롭다."라고 깨닫는 것이 병을 치유하는 첫 걸음이 됩니다.

그래서 우리들의 큰 의사〔大醫王〕이신 붓다 석가모니께서 단호하게 선언하십니다.

"이것은 고(苦)다.

그대는 병들어 죽어가고 있다.

어서 깨어나거라. 어서 살 길을 찾아라."

8 "이는 고(苦)의 원인이다."[6]

무엇이 고(苦), 고통의 원인인가?

무엇이 윤회의 불길을 불러일으키는 원인인가?

무엇이 멸망과 죽음의 공포를 불러일으키는 원인인가?

곧 탐욕입니다. 탐욕이 고통의 원인입니다. 우리는 이 탐욕을 '갈애(渴愛, taṇhā)'라고도 일컫는데, 이것은 목이 타듯이 허망한 것들에 매달리고 갈망하는 강렬한 집착을 뜻합니다. 이 집착은 실체가 아닌 허망한 것, 거짓된 것에 매달리는 것이기 때문에 '망집(妄執), 허망한 집착' 이렇게도 표현합니다.

망집, 허망한 집착.

벗이여, 우리는 실로 얼마나 허망한 집착에 사로잡혀 나를 괴롭히며 또 남들을 괴롭히고 있습니까? 우리는 얼마나 내가 오래 살기를 갈망하며, 얼마나 끝없이 나의 것을 소유하기를 열망합니까? 하나를 소유하면 다른 것을 욕심내고 그것을 소유하면 또 다른 것을 욕심내고…… 항아리 속에 있는 과일을 손아귀에 쥐고

---

6) 앞의 책 p.199

그것을 안 놓으려고 발버둥치다 비참하게 죽어가는 저 원숭이들처럼, 내 생존과 내 소유를 굳게 움켜쥐고 나와 당신은 이렇게 죽어가고 있는 것입니다.

이것은 고의 소멸[苦滅]이다.
이것은 고 소멸의 길[苦滅道]이다

9 "이는 고(苦)의 소멸이다."[7)]

무엇이 고(苦), 고통의 소멸인가?
곧 사성제의 진리를 깨달음으로써 윤회의 고통을 벗어나 크나큰 평화를 실현하는 것입니다.
궁극적으로 이것은 진리에 대한 바른 깨달음을 통하여 죽음의 공포를 떨쳐버리고 불사(不死) 불멸(不滅)의 참된 삶을 누리는 것입니다.
'크나큰 평화, 불사(不死) 불멸(不滅)의 참된 삶.'
이것을 일컬어 우리는 '해탈(解脫)' '열반(涅槃)'이라고 하거니와, 이것은 실로 절망과 공포속에 허덕이는 나와 당신 앞에서 빛을 발하는 희망의 등불인 것입니다.
우리가 윤회의 불길로 우리 몸과 이 세상을 불태우며 죽음의 공포로 인하며 잠 못 이루는 것은 생명의 참된 이치, 곧 사성제의 진리를 모르기 때문입니다. 그토록 사랑하며 애착하는 나(我), 내 몸, 내 생명, 내 소유물들이 이 엄연한 고(苦)의 현실을 깨닫지 못하고 자꾸만 매달리며 갈망하기 때문에 고통과 불안과 공포가 밀

---

7) 앞의 책 p. 201

물처럼 몰려오는 것입니다.
"윤회하는 삶은 고통이다.
이 고통은 맹목적인 집착, 갈애 때문에 생겨난다."
이제 이 이치를 확실히 깨달을 때, 우리는 참된 나, 참된 내 삶을 발견하게 되고 죽음의 공포는 사라져가는 것입니다. 이것이 '고멸(苦滅), 고통의 소멸', 곧 불사(不死) 불멸(不滅)의 거룩한 진리입니다.

10 "이는 고(苦)의 소멸에 이르는 길이다."[8)]
무엇이 고(苦), 고통의 소멸에 이르는 길인가?
무엇이 연기의 진리를 여실히 깨달아 불멸을 실현하는 길인가? 곧 팔정도(八正道)입니다.
"바르게 보아라〔正見〕, 바르게 생각하라〔正思惟〕, 바르게 말하라〔正語〕, 바르게 행동하라〔正業〕, 바르게 생활하라〔正命〕, 바르게 노력하라〔正精進〕, 바르게 관찰하라〔正念〕, 바르게 마음을 안정시켜라〔正定〕."
이 팔정도가 생명의 진리를 깨달아 해탈하는 가장 구체적인 길입니다. 불사(不死)의 길, 영원히 죽지 아니 하는 길입니다.

11 "불사라니? 어떻게 죽지 않는단 말인가? 모든 사람은 다 죽는 법이고, 나도 머지 않아 죽을텐데—"
벗이여, 행여 이렇게 생각하지 마세요. 바로 그것이 낡은 생각, 어둔 관념입니다.
눈뜬 자에게는 이미 죽음이 없습니다. 이 육신의 소멸은 죽음이 아니라 새 옷을 갈아입는 것입니다. 저 세상으로 가서 새 옷을 갈아 입고 완전한 깨달음, 위없는 깨달음을 향하여 행진을 계속하는

---

8) 앞의 책 p. 205

것입니다. 눈 어둔 자들은 죽음을 거듭하며 윤회의 고통 속을 헤매지만 부처님의 제자들, 눈뜬 이들은 새 옷을 갈아입고 저 찬란한 깨달음의 언덕으로 나아갑니다. 성자(聖者)의 길, 아라한(阿羅漢)의 길로 나아갑니다.

"육체의 죽음은 두려운 게 아닙니다. 육체란 헌옷과 같은 것, 나는 지금 그 헌누더기를 벗고 새옷으로 갈아입으러 가는 길이니, 얼마나 시원하고 홀가분한지 모릅니다."

죽음 앞에서 태연히 미소짓는 방영근 님의 이 고백은 과장이 아닙니다. 불자들이 가는 당당한 해탈의 행로입니다.

13 붓다 석가모니께서 구시나가라로 최후 행진을 하실 때 나디카 마을에 도착하여 죽음을 맞은 불자들의 행로에 관해 이렇게 밝히셨습니다.

"아난다여, 스닷타 신자는 세 가지 커다란 번뇌를 소멸시키고, 또한 욕심·성냄·어리석음이라는 세 가지 마음의 독이 없게 되었으므로 '한 번만(이 세상으로) 되돌아오는 이〔一來〕'가 되었다. 이 신자는 다시 한 번만 이 세상에서 생(生)을 받아 괴로움을 남김없이 소멸시키고 깨달음의 세계에 들 것이니라…….

또한 아난다여, 이 나디카 마을에서는 5백 명이 훨씬 넘는 재가 신자들이 죽었는데, 이들 신자들도 세 가지 큰 번뇌를 소멸시키고 '성자의 흐름에 든 이'가 되었다. 이들 신자들도 나쁜 세계에 떨어지는 일이 없으며 반드시 바른 깨달음을 얻을 것이 확정되어 있다."

―마하파리닙바나/사후의 향방―

14 "성자의 길로 들어선 이
한 번만 되돌아 오는 이

다시 돌아오지 않는 이
온전한 깨달음을 이룩한 성자."[9]

　벗이여, 이제 짐을 벗어 놓으세요. 당신 어깨를 짓누르고 있는 '나(我, 自我)'의 짐을 벗어놓으세요.

　벗이여, 이제 짐을 벗어놓으세요. 당신 어깨를 짓누르고 있는 죽음의 짐을 벗어놓으세요. 당신은 진정 죽음의 어둔 터널을 벗어났습니다.

　벗이여, 홀가분하게 마음 가볍게 저 푸른 하늘을 바라보세요. 아침 정원 이슬 속에 빛나는 붉은 장미를 바라보세요. 이 모든 것이 자유며 기쁨 아닙니까.

　오랜 방황 끝에 자유와 평화를 얻은 사마 비구니는 이렇게 노래합니다.

"네 번인지 다섯 번인지, 저는 절을 뛰쳐 나왔습니다. 평안을 얻어 마음을 다스릴 수 없었기 때문입니다.

　그랬던 저는 8일 만에 망집(妄執)을 끊어낼 수 있었습니다. 괴로움을 불러 일으키는 일이 적지 않아서 기꺼이 힘써 노력한 결과, 마침내 헛된 집착을 다한 경지에 이르렀습니다. 붓다의 가르침을 모두 성취한 것입니다."

―장로니게경/사마 비구니―

---

9) 이것이 아라한, 곧 진리를 깨친 성자(聖者)에 이르는 4단계이다.
　　1단계 성자의 길로 들어선 이〔예류(預流), 수다원〕
　　2단계 한 번만 되돌아오는 이〔일래(一來), 사다함〕
　　3단계 다시 돌아오지 않는 이〔불환(不還), 아나함〕
　　4단계 온전한 깨달음을 이룩한 성자〔무학(無學), 아라한〕

회향발원(거룩한 4제 8정도에 의지합니다)

  자비하신 부처님,

  오늘부터 저희 불자들 거룩한 진리, 4제 8정도를 받아지니고 의지합니다. 바라나시 사슴 동산 첫 설법에서 밝히신 등불, 구시나가라 사라쌍수 언덕에서 마지막으로 밝히신 등불, 45년간 쉼없이 고구정녕 밝히신 구원의 등불, 이 거룩한 4제 8정도에 의지합니다.

  항상 함께하시는 자비하신 부처님,

  이제 저희들은 고통을 희망으로 바꾸는 길을 알았습니다. 죽음을 불사(不死)로, 멸망을 영원한 행복으로 바꾸는 길을 관(觀)하고 있습니다.

-석가모니불 정근-

찬불가   진리행진곡

내용익힘

1. 다음 문장을 완성해 봅니다.
   ① 이는 (   )다. 이는 (   )이다.
      이는 (   )이다. 이는 (   )이다.
   ② 수행자들아, 귀를 기울여라. 나는 (   )을 얻었노라. 나는 이제 (   )을 설하리니, 가르치는 대로 따라 행하면, 그대들도 오래지 않아 위없는 (   )을 알고 실증하며 거기에 주하리라.
   ③ 죽음은, 소가 눈물을 뚝뚝 흘리며 (   )으로 끌려가듯, 우리가 피할 수 없이 당해야 하는 (   )이 아닙니다. 죽음은 우리들의 (   )와 (   )이 빚어낸 공포입니다. 그런 까닭에 이제 우리는 이 죽음을 (   )합니다. 밝은 (   )의 빛으로 죽음의(   )를 깨쳐내어야 합니다. 불교는 죽음을 (   )종교입니다. 우리 불자들은 죽음을 (   )수행자들입니다.
2. 다음 물음에 간결하게 답합니다.

④ 첫 설법의 요지가 무엇인가?

⑤ 불교는 인생과 세상의 현실을 어떻게 진단하는가?

⑥ 고통의 근본원인이 무엇인가?

교리탐구 해탈(解脫)·열반(涅槃)의 뜻이 무엇인가?

실천수행 '4제 8정도'의 내용을 기억하고 외우며, 현실문제에 직면하였을 때 '이 문제의 원인은 무엇인가? 이 원인을 소멸시키는 바른 방법은 무엇인가?' 이렇게 4제적(四諦的) 관찰을 일상화한다.

17과 • 우리도 부처님같이

"아난다야, 나는 이제 여든 살, 늙고 쇠하였다. 아난다야, 마치 낡은 수레를 가죽끈으로 묶어 겨우 움직이는 것처럼, 내 몸도 가죽끈으로 묶어 겨우 조금 움직이고 있는 것과 같으니라."
—마하파리닙바나—

탐구과제
- 우리들의 본래 모습, 본래 삶이 어떤 것인가를 분명히 깨닫습니다.
- 구체적으로 누구를 모범삼아 살아가는 것이 성불(成佛)의 삶, 불사(不死)의 삶인가를 발견합니다.

참된 나의 모습은

15 "성불하세요."
"성불합시다."
우리 불자들은 만나고 헤어질 때 합장하고 서로 이렇게 인사합니다.
"성불하세요."
"성불합시다."
이것은 언제 들어도 참 기분좋은 인사말입니다.

16 "성불하세요."
"성불합시다."
그러나 이것은 단순한 인삿말이 아닙니다. 상투적인 인삿말이 결코 아닙니다. 이 말 속에는 우리 불자들의 높은 이상과 깊은 염원이 은연히 간직되어 있습니다. 인간의 가치를 한없이 끌어올리는 아름다운 인간정신이 스며있고 신과 인간, 사슴과 진달래, 하늘, 땅, 산, 강…… 삼라만상 일체의 존재들을 한없는 광명으로 비추는 크나큰 은혜와 축복이 깃들어 있습니다.

17 '성불(成佛)'이 무엇인가?[1]
  글자대로 '부처 된다, 부처님 된다'는 뜻입니다.
  '부처 된다'는 것이 무슨 말인가?
  곧 '깨친다, 깨닫는다' '진리(法)를 깨닫는다' 이런 뜻입니다.
  왜?
  '부처' 'Buddha'는 '깨치신 분' '진리를 크고 완전히 깨달으신 분'이시기 때문입니다.

18 무엇을 깨친다고 하는가?
  곧 '생명의 실상(實相)' '생명의 진리'를 사제 팔정도의 이치를 깨닫는 것입니다.
  연기, 사제 팔정도의 이치를 깨친다는 것이 실제로 무엇을 의미하는가?
  곧 참된 나, 참된 자아[眞我]를 자각하는 것입니다. 참된 나와 참된 세상의 모습을 깨닫는 것입니다. 참된 나와 참된 세상을 깨닫고 오늘 하루 진실되게 평화롭게 살아가는 것, 이것이 곧 깨달음, 성불의 구체적인 내용입니다.

19 참된 나[眞我]는 누구인가?
  나의 진실된 모습은 무엇인가?
  곧 은혜 속의 주인입니다.
  곧 무한 찬란한 불성광명(佛性光明)의 주인입니다.

---

1) 졸고, 『은혜 속의 주인일세』 佛光, 1984 p. 254

비처럼 부어지는 풍성한 은혜의 물, 곧 내 마음속의 불성광명을 생명에너지로 선용하면서 나는 열심히 일하며 이웃 형제들과 함께 나누며 무한 청정한 생명을 실현해갑니다. 이것이 참된 나의 모습입니다. 나와 당신의 진면목(眞面目), 참된 얼굴입니다.

20 '무한 청정한 생명.'

옳습니다. 우리 생명은 본래로 무한 청정합니다. 나는 본래로 무한이기 때문에 불사(不死)며 불멸(不滅)입니다. 결코 죽지 아니 하며 멸망치 아니 합니다. 당신은 본래로 청정하기 때문에, 어떤 번뇌로도 오염되지 아니 하며 어떤 죄업도 짓지 아니 하며 어떤 윤회의 불길 속에도 떨어지지 아니 합니다.

우리는 본래로 무한 청정한 불성광명의 주인이기 때문에 결코 늙지 아니 하며, 병들지 아니 하며, 죽지 아니 하며, 인색치 아니 하며, 미워하지 아니 하며, 독점하지 아니 하며, 갈등하지 아니 하며, 투쟁하지 아니 하며, 죽이지 아니 하며, 파괴하지 아니 하며, 교만하지 아니 합니다.

우리는 본래로 무한 청정한 불성광명의 주인이기 때문에, 한없이 자유롭고 평화로우며 건강하고 행복하며 이웃과 함께 기뻐하고 슬퍼하며 괴로워하는 형제를 위하여 내 몸을 던지며 지옥의 불길 속으로 떨어지는 동포를 대신하여 내 몸을 인질로 삼습니다.

이것이 바로 나와 당신의 참된 모습이며 성불자(成佛者)의 모습입니다. 사형수 방영근 님이 참새 한 마리를 지키기 위하여 독방의 고통마저 기꺼이 감내하는 것도 그가 바로 인간의 참된 모습을 깨달은 성불자이기 때문입니다. 그런 까닭에 우리는 저 부처님을 좇아 이렇게 염원합니다.

"나는 마땅히 이웃을 위하여 온갖 고통을 다 받아 그들을 한량

없는 생사·고통의 깊은 골짜기에서 벗어나게 하리라. 나는 마땅히 이웃을 위하여 모든 악한 세계 가운데에서 미래겁이 다하도록 온갖 고통을 받을지라도 항상 이웃을 위하여 선근(善根)을 부지런히 닦으리라.

무슨 까닭인가? 내가 마땅히 이러한 고통을 홀로 받을지언정 이웃으로 하여금 지옥에 떨어지지 않게 하려함이니라." -화엄경-

거룩한 스승이 가신 길을 좇아서

21 "나는 은혜 속의 주인.
우리는 무한 청정한 불성광명(佛性光明)의 주인.
우리는 늙지 아니 하며 병들지 아니 하며 죽지 아니 하며
우리는 한없이 자유롭고 평화로우며 건강하고 행복하며
우리는 이웃과 함께 나누어가지며 괴로워하는 형제들을 위하여 우리 몸을 내던지며."

이 말씀 듣고 의심하고 믿지 않으려는 친구들도 있을테지요.
"그건 환상이거나 단순히 희망사항이겠지. 이 세상에 그런 사람이 어디 있을라구-"

22 벗이여, 그러나 이것은 희망사항이 아닙니다. 우리 인생의 참 모습입니다. 수많은 사람들이 그렇게 살아왔고 지금 또 그렇게 살아가고 있습니다.
"그게 누굽니까? 증거를 대 보시오."
"좋습니다. 여기 그 증인이 있습니다."
"누구신가?"

붓다 석가모니, 바로 이 어른이십니다.

23 룸비니에서 구시나가라까지.

붓다 석가모니께서 살아가신 팔십 생애는 '인간은 어떻게 살아가야 하는가?' '불사(不死) 불멸(不滅)을 살아가는 참된 삶은 어떤 것이어야 하는가?' '무한 청정한 불성생명의 주인은 어떻게 살아가는가?'라는 질문에 대한 가장 명백하고 구체적인 증거입니다.

붓다가야에서 구시나가라까지.

성도(成道)이후 붓다 석가모니가 걸어가신 45년 간의 행로는 진리를 깨달은 이, 성불자(成佛者)가 살아가는 참된 인생의 한 실제적 모범입니다. 신(神)과 인간들, 일체생명 앞에 밝혀보이신 구원한 삶의 지표입니다.

24 붓다 석가모니께서 마지막 열반행진 길에 올라 벨루바 마을에서 중병을 앓으실 때 제자 아난다 스님에게 말씀하십니다.[2]

"아난다야, 나는 이제 여든 살, 늙고 쇠하였구나. 아난다야, 마치 낡은 수레를 가죽끈으로 묶어 겨우 움직이는 것처럼 나의 몸도 가죽끈으로 묶어 겨우 조금 움직이고 있는 것과 같으니라."

—마하파리닙바나—

석가모니의 이 진솔한 '노쇠의 고백'을 들으면서 우리는 솟구쳐 오르는 뜨거운 눈물을 금할 수 없습니다. 이것은 세상 사람들을 위하여 한 몸, 한 생애를 송두리채 내어던지는 부처님의 깊은 사랑에 대한 감사의 눈물이고 더욱 '내 인생에는 정녕 늙음도 쇠함도 없다.'라는 진실의 발견에 대한 환희의 눈물입니다.

---

2) 졸고, 『룸비니에서 구시나가라까지』 (불광출판부) 『붓다의 마지막 여로』 (민족사, 1991) 참조

제6장 무엇이 불사(不死)의 삶인가? 233

　벗이여, '늙음'이 무엇입니까? '노쇠(老衰)'가 무엇입니까? 그것은 곧 늙음에 대한 공포이며 근심입니다. 노쇠에 대한 좌절이며 무력감(無力感)입니다.
　"내가 늙는구나, 눈이 컴컴해지고 머리털이 세고 기력이 약해지고— 이거 큰일났구나."
　이렇게 놀라고 두려워하고 근심하고 무력감에 빠질 때 지극히 자연스런 육신의 변화가 '늙음'으로 변질되어 내 인생을 어둠으로 몰아갑니다. 차츰 용기와 희망을 잃고 뒷방 늙은이로 전락해갑니다.
　벗이여, 저 붓다를 보세요. 낡은 수레처럼 삐그덕거리며 걸으시는 붓다 석가모니를 보십시오. 그에게는 어떤 두려움이나 근심, 무력감의 흔적조차 이미 남아 있지 않습니다. 그는 한결같이 이 육체라는 좋은 도구를 그 효능이 다할 때까지써서 있습니다. 이 육신의 도구를 선용하여 열심히 일하고, 이 세상 중생들을 실어 수레처럼, 저 구원의 언덕으로 나르고 있습니다. 그는 진정 '늙음' '노쇠'를 영원히 벗어났습니다.

25 마지막 날, 파마 마을의 대장쟁이 춘다의 공양을 받으시고 중독되어 붓다 석가모니께서는 피를 쏟으며 죽음에 이르게 됩니다. 춘다가 슬픔과 죄책감으로 몸둘 바를 몰라하며 울고 있을 때, 붓다께서는 그를 염려하며 아난다를 불러 '춘다에게 가서 이렇게 내 말을 전하라'고 하십니다.

　"그대 춘다여! 대장장이 아들 춘다 존자는 장차 장수를 가져오는 행위를 성취하며…… 하늘나라로 나아가는 행위를 성취하고 …… 이 얼마나 훌륭한 일이겠는가."

　독한 버섯을 잘못 공양 올려 자기를 죽음으로 몰아 넣은 춘다를 향하여 위로하고 축복하시는 저 붓다 석가모니, 피를 쏟으며 중태의 몸을 이끌고 한 발 한 발 구시나가라 언덕으로 오르시는 붓다 석가모니, 저 부처님을 바라보면서 우리는 흐르는 눈물을 금하지 못합니다. 이것은 용서할 원수마저 이미 크게 놓아버린 부처님의 크나큰 자비에 대한 감사의 눈물이고, 더욱 '내 인생에는 정녕 병(病)도 없고 병고(病苦)도 없다.'라는 진실의 발견에 대한 환희의 눈물입니다.

벗이여, '병(病)'이 무엇입니까? '병고(病苦)'가 무엇입니까?

그것은 곧 질병에 대한 공포이며 근심입니다. 질병에 대한 좌절이며 무력감(無力感)입니다.

"내가 큰 병에 걸렸구나, 이거 암이 아닐까? 불치병이 아닐까? 아이고 나는 이제 죽는구나."

이렇게 두려워하고 낙담하며 무력감에 빠질 때 지극히 자연스런 육신의 변화가 '병(病)'으로 변질되어 내 인생을 절망으로 몰고 갑니다. '이것이 병이다, 죽을 병이다.'라는 생각에 사로잡혀 죽기 전에 이미 우리는 서서히 죽어갑니다.

벗이여, 저 붓다를 보세요. 피를 쏟으며 묵묵히 행진하는 저 부처님을 보세요. 그에게는 '병(病)'이라는 어떤 생각의 흔적도 남아 있질 않습니다. 어떤 중태의 병도 그의 행진을 방해하질 못합니다. 그는 무너지는 이 육신의 도구를 마지막 순간까지 선용하고 있습니다. 그는 진정 '병(病)' '병고(病苦)'를 영원히 벗어났습니다.

26 마지막 밤, 구시나가라 사라쌍수 언덕, 최후 가르침을 설해 마친 붓다 석가모니께서 마침내 자리에 누워 운명(殞命)의 순간을 맞으십니다. 이때 갑자기 늙은 수행자 수바드라가 달려와서 부처님 뵈옵기를 청하여 이를 말리는 아난다 스님과 실랑이가 벌어졌습니다. 이때 붓다께서 다시 자리에서 일어나 말씀하십니다.

"아난다, 내 마지막 제자를 막지 말라."

임종의 자리에서 다시 일어나 마지막 제자 수바드라를 손짓해 부르시는 붓다, 가쁜 호흡을 몰아쉬며 수바드라에게 사제 팔정도를 설하여 눈뜨게 하시는 붓다 석가모니, 이 일을 해 마치고 다시 자리에 누우시는 붓다 석가모니, 저 부처님을 우러러 보면서 우리는 솟구쳐오르는 눈물을 금치 못합니다. 이것은 한 중생을 구제하기 위하여 운명의 순간까지 편히 눕지 못하시는 부처님의 지극한 인간애(人間愛)에 대한 감사의 눈물이고, 더욱 '내 인생에는 정녕 죽음도 사망(死亡)도 없다.'라는 진실의 발견에 대한 큰 환희의 눈물입니다.

벗이여, '죽음'이 무엇입니까? '사망(死亡)'이 무엇입니까?

그것은 곧 죽음에 대한 공포이며 근심입니다. 죽음에 대한 좌절이며 무력감(無力感)입니다.

"죽음이 가까웠구나. 나는 이제 죽는구나. 내가 죽으면 어찌하나. 이 세상, 가족들, 재산들 다 버리고 어찌 눈을 감나. 죽으면 어떻게 되나 살고싶은데, 1년이라도 한 달이라도 더 살고 싶은데─ 하느님, 살려 주십시오. 제발 한 번만 살려주십시오."

이렇게 두려워하며 몸부림치고 매달리며 제 정신을 잃을 때 지극히 자연스런 육신의 변화가 '죽음'으로 변질되어 내 인생을 캄캄한 절벽으로 몰아넣습니다. '이것이 죽음이다, 죽음은 종말이다.'라는 생각에 사로잡혀 나와 당신은 철저하게 죽음의 왕에게서 죽임을 당합니다.

벗이여, 저 붓다를 보세요. 운명의 순간까지 편히 눕지 못하며 "내 마지막 제자를 막지 말라." 외치시는 저 붓다 석가모니를 우러러보십시오. 거기에 어디 죽음이 있습니까? 거기에 어디 사망의 흔적이 남아있습니까? 그는 이 육신의 도구를 마지막 순간까지 선용하고 헌옷 한 벌을 훌쩍 벗어버리고 있을 뿐입니다. 그는 진정 '죽음' '사망'을 영원히 벗어났습니다.

성불하세요

27 낡은 수레처럼 삐그덕거리며 나아가시는 붓다.

피를 쏟으며 한 발 한 발 구시나가라 언덕으로 오르시는 붓다 석가모니.

마지막 호흡을 거두시는 순간까지 "내 마지막 제자를 막지 말라." 소리치시는 거룩한 스승 붓다 석가모니.

"어떻게 살아가는 것이 참된 나[眞我]의 삶인가?"
벗이여, 그것은 바로 저렇게 살아가는 것입니다.
"성불자(成佛者)는 어떻게 살아가는 자인가?"
벗이여, 그것은 바로 저렇게 살아가는 자입니다.
"해탈·열반이란 대체 무엇인가?"
벗이여, 그것은 바로 저렇게 살아가는 삶입니다.
"불사(不死), 불멸(不滅), 불생불멸(不生不滅)은 어떤 경지인가?"
벗이여, 그것은 바로 저렇게 살아가는 경지입니다.
"공(空), 공(空), 반야(般若)하는데, 대체 어떤 경계인가?"
벗이여, 그것은 바로 저렇게 살아가는 경계입니다.

28 "성불하세요."
"성불하십시오."

이것이 무슨 말인가?

곧 저 붓다 석가모니같이 살아가려는 염원의 표현이며 격려입니다. 우리도 부처님같이 살아가려는 발원이며 권유입니다.

'우리도 부처님같이.'

옳습니다. 이것이 성불(成佛)의 실제적인 의미입니다. 이것이 크나큰 깨달음을 실현해가는 참된 내 삶의 방향이며 주인답게 살아가기를 희망하는 우리 시대 보통 사람들이 추구해야 할 삶의 목표입니다.

29 '우리도 부처님같이.'

　이제 우리는 거룩한 스승 붓다 석가모니의 행적에 관하여 본격적으로 공부할 것입니다. 붓다 석가모니의 생애를 서술한 불경을 읽고 전기를 읽으며 스승의 삶 하나하나를 마음을 모아 관(觀)하고 나 자신의 삶으로 받아들일 것입니다. 아침 저녁 부처님께 예불 올리고 부처님의 사리를 봉안한 적멸보궁(寂滅寶宮) 등 성지를 참배하고 아끼고 저축하여 인도 성지순례를 할 것입니다.

　부처님의 삶을 노래로 찬탄하고 글로 써서 찬탄하며 그림, 조각을 만들어 찬탄하고 연극, 무용 등으로 찬탄할 것입니다. 무엇보다 먼저 가족과 동료들에게 부처님의 삶을 얘기하고 불경·불전·만화·소설 등을 선물하고 소개할 것입니다.

회향발원(저희도 부처님같이)

　자비하신 부처님,
　님 앞에 향을 사르며 두손 모아 맹세하오니 부처님, 저희도 부처님같이 살아가겠습니다. 모든 교리, 모든 생각 다 털어버리고 빈 마음으로 룸비니에서 구시나가라까지, 님께서 가신 길만을 관(觀)하며 그 길을 좇아 묵묵히 행진하겠습니다. 저희 육신이 낡은 수레처럼 허물어져 내릴 때까지, 그저 한 걸음으로 묵묵히 행진하겠습니다.
　항상 함께 하시는 자비하신 부처님,
　이 길 곧장 가도록 저희들 손 잡고 인도하소서.

－석가모니불 정근－

찬불가 모두 성불하소서

내용익힘

1. 다음 문장을 완성해 봅니다.
   ① 아난다야, 나는 이제 (   ), 늙고 쇠하였다. 아난다야, 마치 낡은 (   )를 가죽끈으로 묶어 겨우 움직이는 것처럼, 나의 (   )도 가죽끈으로 묶어 겨우 조금 움직이고 있는 것과 같으니라.
   ② 나는 (   )의 주인, 우리는 무한 청정한 (   )의 주인, 우리는 (   ) 아니 하며 (   )아니 하며 (   )아니 하며, 우리는 한없이 자유롭고 (   ) 건강하고 (   ), 우리는 (   ) 나누어 가지며 괴로워하는 형제들을 위하여 우리 몸을 (   ).
   ③ 벗이여, 저 (   )를 보세요. (   )의 순간까지 편히 눕지 못하며, ('   ') 외치시는 저 (   )를 우러러 보십시오. 거기에 어디 (   )이 있습니까? 거기에 어디 (   )의 흔적이 남아 있습니까?
2. 다음 물음에 간결하게 답합니다.
   ④ 성불(成佛)은 구체적으로 어떻게 살아가는 것인가?

   ⑤ 붓다 석가모니는 마지막 행진을 통하여 어떤 진실을 실현하고 계시는가?

   ⑥ 공(空), 반야(般若), 무아(無我), 불사(不死), 불생불멸(不生不滅)은 어떻게 살아가는 경지인가?

교리탐구 늙음〔老〕·질병〔病〕·죽음〔死〕은 어떻게 생겨나는 것인가?

실천수행 부처님의 사리를 봉안하고 있는 적멸보궁을 찾아 성지순례의 길을 나선다.

18과 • 믿으며 배우며 함께 나누며

"수행자들아, 이제 나는 그대들에게 고하노라.
만들어진 것은 모두 변하고 사라져가느니,
게으르지 말고 힘써 정진하여 그대들의 수행을 완성하라."

― 마하파리닙바나 ―

탐구과제
- '우리 마음이 본래 텅 비어있다(空)'는 것이 무엇을 의미하는가를 관(觀)합니다.
- 발심수행(發心修行) 어떻게 하는 것인가를 깨닫습니다.
- 수행일과(修行日課)의 내용을 구체적으로 확립하고 굳건히 지켜나 갑니다.

발심 수행하라

30 "성불(成佛)
깨달음의 실현
우리도 부처님같이."

이 말씀 듣고 아마 의심하고 주저하는 친구들도 많을 것입니다.
"내가 어떻게 성불할 수 있겠는가? 뭣 하나 제대로 해내지 못하는 평범한 재주에 내가 어떻게 크나큰 진리를 깨달을 수 있겠는가? 한시도 마음 편할 날이 없고 온갖 잡념과 욕심으로 시달리는 내가 어떻게 부처님같이 저렇게 불사(不死)의 삶을 살 수 있겠는가? 저렇게 헌신적인 삶을 살 수 있겠는가?……"

31 그러나 이런 생각들은 옳지 않습니다. 이런 생각들이 바로 당신을 방해하고 있는 어둔 생각들, 곧 무지(無知)이며 번뇌입니다. 전도몽상(顚倒夢想), 당신은 지금 꿈꾸듯 뒤바뀐 생각에 사로잡혀 있는 것입니다.

 벗이여, 당신이 누구입니까? 당신은 당신 자신을 무엇이라고 생각하고 있습니까?

 벗이여, 허리를 곧게 펴고 앉아 고요한 마음의 눈으로 관(觀)해 보십시오. 온갖 잡념들 다 비워버리고 당신 자신을 관(觀)해보십시오.

 당신이 대체 누구입니까?

32 "나는 불자
  은혜 속의 주인.
  나는 불자
  무한 능력의 상속자.
  나는 불자
  무한 찬란한 불성광명의 주인."

 그렇습니다. 나는 단순히 홀로 있는 외톨이 나가 아닙니다. 나는 부처님의 뿌리로부터 생명되어 나온 뿌리 깊은 나이고, 우리 생명의 바탕은 무한으로 파동치는 청정한 불성, 진리광명입니다.

 지금 나와 당신의 몸 속에는 맑고 깨끗한 불성 생명수가 넘쳐 흐르고 우리들 가슴 깊은 곳에는 거룩한 여래의 씨앗[如來藏], 부처 씨앗[佛種子], 푸르른 보리 씨앗, 청보리가 숨쉬고 있습니다.

33 "내 속에 넘쳐 흐르는 불성.

내 가슴 깊은 곳에 숨 쉬는 부처 씨앗.”

'어디 있는가? 내 속에 불성이 어디 있는가? 부처 씨앗이 무엇인가?'

벗이여, 행여 이렇게 심스럽게 여기지 마십시오.

마음, '불성이 무엇인가?' '부처 씨앗이 무엇인가?'라고 생각하는 지금 그 마음이 곧 당신의 불성이며 부처 씨앗입니다.

"아니, 무슨 말인가? 이 마음, 이 생각은 시시각각으로 혼란스럽게 변화하는 어둔 생각, 번뇌이며 하나의 '생각 덩어리', 오온화합에 불과한데 이 마음, 이 생각이 불성이라니?"

벗이여, 행여 이렇게 의심하지 마십시오.

우리 마음은 본래로 텅— 비어 있습니다. 공(空)합니다. 저 하늘이 텅 비어있듯, 그렇게 비어 있습니다. 무지로 인하여 눈 어두워서 이 허망한 작은 덩어리를 보고 '이것이 나다. 이것이 내 마음, 내 몸이다.'라고 착각하며 집착할 그 순간에도 우리의 마음은 텅 비어 있습니다. 거짓 나에 망집하여 육도 윤회의 불길 속에 타오르고 있는 그 순간에도 우리의 마음은 청정히 비어 있습니다. 죽음의 공포, 열등의식, 가정불화, 사회적 갈등으로 인하여 우리가 괴로워하며 잠 못 이루는 그 순간에도 우리의 생명 바탕인 마음자리는 텅— 비어 있습니다. 먹구름이 휘달리고 천둥 번개치고 폭우가 쏟아지는 그 순간에도 저 허공은 텅— 비어 있듯, 그 어떤 고통과 공포와 절망의 순간에도 우리의 생명 바탕인 마음자리는 텅— 비어 있습니다. 그래서 『반야심경』에서 '조견오온개공(照見五蘊皆空)'이라고 노래하고 있습니다.

34 "내 마음은 본래 텅— 비어 있다.
  허공처럼 텅— 비어 있는 이 마음이 나와 당신과 천지만물 일체 생명의 생명 바탕이다."

이것이 부처님의 가르침을 통하여, 또 우리 스스로 체험을 통하여 도달한 '생명의 진실' '생명의 실상(實相)'이며, 이것이 '공사상(空思想)' '불성사상(佛性思想)'입니다.

'내 마음이 텅— 비어 있다.'는 것이 무엇을 의미하는가?

곧 내 마음, 내 생명이 무한청정(無限淸淨)하다는 사실을 뜻합니다. 도시의 하늘이 먼지와 매연으로 아무리 심하게 오염되었을지라도 큰 비가 한바탕 내리면 금새 푸르른 가을 하늘처럼 청명하게 빛나듯, 무지와 번뇌와 악업으로 인하여 우리 인생이 아무리 심하게 오염되고 윤회의 불길로 불탄다 할지라도, 우리가 크게 발심 수행하면, 저 푸르른 가을 하늘같이 맑고 상쾌한 본래 생명으로 돌아갈 수 있다는 사실을 뜻합니다.

'내 생명 바탕이 텅 비어있다.'는 것이 무엇을 의미하는가? 한 때의 과오로 살인하였을지라도 발심수행하면 청정해질 수 있다는 뜻입니다. 암에 걸려도 발심수행하면 살아날 수 있다는 뜻입니다. 성(性)폭행을 당해도 발심수행하면 순결해질 수 있다는 뜻입니다. 실업자가 되어도 발심수행하면 성공할 수 있다는 뜻입니다. 노사분규로 위태로워도 발심수행하면 노사 평화 회복할 수 있다는 뜻입니다. 민족 분단과 불신이 심각하여도 발심수행하면 민족 일치를 실현할 수 있다는 뜻입니다. 오존층이 구멍나고 강물이 검게 썩어도 발심수행하면 이 지구촌 다시 푸르러질 수 있다는 뜻입니다. 이 세상에 종말의 날이 온다하여도 발심수행하면 종말이 새로운 창조로 바뀐다는 뜻입니다.

그런 까닭에 이제 우리는 저 방영근 님과 더불어 힘차게 노래합니다.

"마하반야바라밀다시 조견오온개공 도일체고액……"

믿음·지혜·자비의 길로[1]

35 "발심 수행하라."

발심(發心)이 무엇인가?

곧 용기를 내는 것입니다. 이 무의미한 일상생활의 반복에서 박차고 일어나 무한 청정한 내 생명의 본래 바탕으로 돌아가려고 용기있게 결심하고 분발하는 것이 발심입니다. 발심은 곧 이 편협하고 불안한 이기적 자아의 껍질을 벗어버리고, 저 푸르른 가을 하늘같이 가슴을 활짝 열고 모든 것을 다 사랑하면서 맑게 선하게 살아가기를 염원하고 결심하는 것입니다.

"그래, 지금부터야, 지금부터 내 인생은 시작이야!"

발심은 이렇게 새롭게 시작하는 것입니다.

"그래, 이렇게 주저앉을 순 없어. 이렇게 포기하고 말 수는 없어. 내게는 희망이 있어. 내 생명은 불성(佛性)이야. 내 생명은 저 푸르른 가을 하늘처럼 무한한 희망이야. 이 고통, 이 번뇌, 이것은 모두 공(空)한 거야, 텅— 비어 있어, 바람처럼 지나가는 거야."

발심은 이렇게 희망을 갖는 것입니다. 어떠한 상황에서도 결코 절망하지 않고 참된 삶을 찾으려는 용기와 신념을 불러일으키는 것이 발심입니다.

36 수행(修行)이 무엇인가?

곧 참되게 살아가는 것입니다. 용기와 신념을 갖고 하루하루 참되게 열심히 살아가려고 노력하는 것이 수행입니다. 수행은 곧 저 거룩한 스승 붓다 석가모니와 같이 살아가려고 땀흘리며 수고하는 것입니다. 참고 견디면서, 이 세상 모든 것을 사랑하면서 내

---

1) 졸고,『무소의 뿔처럼』불광출판부, p. 41

제6장 무엇이 불사(不死)의 삶인가?   245

인생의 짐을 짊어지고 끝없이 묵묵히 행진해가는 것입니다. 참새 한 마리를 살리기 위하여 묵묵히 어둔 독방으로 행진해가는 것입니다.
 "그래, 내 육신은 텅 비어 있는 거야. 내 마음 또한 텅 비어 있는 거야. '나' '나의 것'이란 본래로 텅 비어 있는 거야."
 수행은 이렇게 내 육신과 정신이 본래로 텅 비어 있는 것을 비추어보고 확인하고 체험하고 그렇게 살아가는 것입니다.
 "그래, 내 육신의 수고를 함께 나누어야지, 내 마음 내 정성을 함께 나누어야지, 내가 지닌 모든 것을 함께 나누어야지."
 수행은 이렇게 끊임없이 함께 나누는 것입니다. 끊임없이 나누어 가짐으로써 무한 청정한 생명의 빛을 그대로 드러내는 것이 수행입니다.

37 이제 우리는 어떻게 수행할 것인가?
 어떻게 하면 우리도 부처님같이 살아갈 수 있는가?
 붓다 석가모니께서 사슴동산 첫 설법에서 사제 팔정도를 설하신 이래 수많은 수행방법이 제시되었으며 실천되어 왔습니다. 본질적으로 그 근본정신은 삼귀의(三歸依)에 있습니다.
 삼귀의의 수행정신이 무엇인가?
 첫째 믿음의 길〔귀의불(歸依佛)〕
 두손 모아 부처님께 예배합니다.
 둘째 지혜의 길〔귀의법(歸依法)〕
 땀 흘리며 열심히 공부합니다.
 셋째 자비의 길〔귀의승(歸依僧)〕
 정성껏 함께 나눕니다.

38 '믿음·지혜·자비.
 믿으며·배우며·함께 나누며.'

이것이 우리 불자들이 평생토록 걸어가야 할 '불자의 삼대행로' '수행의 삼대행로'입니다.

삼대행로를 실천하는 구체적인 수행일과(修行日課)는 무엇인가?

첫째, 부처님께 공양 올리고 예배 올리는 것입니다.

먼저 가정에 불단을 설치하고 원불(願佛)을 모실 것입니다. 아침 저녁으로 예불 올리고 식사할 때 합장하고 "부처님, 감사하게 먹겠습니다." "부처님, 감사하게 먹었습니다." 이렇게 감사할 것입니다. 길흉사가 있을 때에는 부처님 앞에 함께 모여 지성으로 기도할 것입니다. 정기적으로 법회에 나가서 절약 저축한 깨끗한 재물〔淨財-정재〕로 공양 올릴 것입니다. 언제나 염주를 몸에 지니고 다니며 끊임없이 부처님을 관(觀)하고 염불할 것입니다.

39 둘째, 정성껏 함께 나누는 것입니다.

먼저 열심히 일하고 최소한으로 아껴쓰고 봉급의 일정분을 꼬박꼬박 저축할 것입니다. 불교 사회복지 단체의 회원이 되어서 매월 일정액의 회비를 송금하고 정기적으로 방문하여 결연불자와 대화를 나누고 또 집으로 초청할 것입니다. 법회와 교단에서 주관하는 자원봉사 프로그램에 동참하여 봉사법을 연수하고 특정 분야에서 지속적으로 활동할 것입니다. 가정과 직장, 마을에서 모든 기회를 선용하여 붓다의 정법을 전파하고 말로 선전하기에 앞서 곤경에 처한 이웃에게 묵묵히 위로를 주고 마음을 함께 나눌 것입니다. 장기은행(臟器銀行)에 가입하고, 유산은 법회와 교단에 희사할 것을 미리 약정할 것입니다.

40 셋째, 오계(五戒)를 받아 지니는 것입니다.

먼저 수계법회에 나아가 법명(法名)을 받고 오계를 받을 것입니다. 결코 산 목숨을 내 손으로 해치지 아니 하며 남의 것은 돌

제6장 무엇이 불사(不死)의 삶인가? 247

멩이 하나라도 취하지 아니 하고, 이성간의 법도를 지키며 음란한 짓을 하지 않을 것입니다. 한때의 이익을 위해서라도 거짓말하지 아니 하고 남을 헐뜯지 아니 하며 정직하게 말할 것입니다. 과도하게 술 마시거나 나쁜 약을 입에 대지 아니 하고 나쁜 놀음에 발을 들여놓지 않을 것입니다.

초하루, 보름 정기적으로 법회의 대중포살회에 나아가 허물을 드러내고 백팔배를 올리며 참회할 것입니다. 오계를 깨끗이 써서 걸어놓고 가훈·직장훈으로 삼고 '국민 오계'로 확산시켜 갈 것입니다.

41 넷째, 불경을 읽고 관(觀)하는 것입니다.

먼저 『숫타니파아타』 『법구경』 『장로게경·장로니게경』 『금강경』 『법화경』 등 기본 경전을 구입할 것입니다.

하루 30분 이상 조용한 시간을 정해놓고 간경(看經)할 것입니다. 읽되 소설 읽듯 하지 말고, 마음의 눈으로 부처님께서 설법하시고 내가 그 자리에서 경청하는 장면을 관(觀)하면서, 한마디 한마디 말씀을 관(觀)하면서 읽어갈 것입니다. 이것이 간경관법(看經觀法)이고 실제 생활 현장에서 효과적으로 실천할 수 있는 선정(禪定)수행입니다. 법회에 갈 때에는 꼭 불경을 지니고 가고, 법회와 교단에서 시행하는 불교대학 등에 나아가 체계적인 불경연구, 교리연구를 계속해갈것입니다.

42 "부처님께 예불 올려라.
정성껏 함께 나누어라.
오계를 받아 지녀라.
불경을 읽고 관(觀)하라."

이것이 나와 당신이 오늘 하루 힘껏 실천해 갈 수행일과입니다.

모든 것은 무너져 간다. 힘써 정진하라

43 '예불(禮佛)—보시(布施)—지계(持戒)—관법(觀法)'

이 네 가지 수행일과는 우리 몸과 마음을 텅 비우는 데 그 근본 정신이 있습니다. 아니, 더 정확하게 말하면 본래로 텅 비어 있는 우리 마음, 우리 생명바탕을 그렇게 드러내고 그렇게 살아가고 그렇게 실현하는 것입니다. 이것을 초기불경에서는 '부처님 가르침을 실현하였다.' '부처님 가르침은 실현되었다.'라고 표현하고 있습니다.

우리가 지금까지 공부해온 모든 교법 사상들—사제 팔정도·육도윤회·인과응보·불성·공(空)사상 등은 궁극적으로 나와 당신을 이 구체적이고 단순한 수행일과로 안내하기 위한 등불이며 표지판입니다. 그런 까닭에 이러한 교법, 곧 부처님의 가르침을 하나하나 배우고 익히며 이해하고 관(觀)하는 것이 반드시 필요합니다. 특히 초기불교의 교법—연기법·오온(五蘊)·업(業)과 윤회(輪廻)·사제 팔정도(四諦八正道)·사념처(四念處) 등 관법(觀法) 수행을 충실히 배우고 실천하는 것이 필수적입니다. 이런 단계적 과정을 무시하고 담박 '돈오(頓悟)'니 '공(空)'이니 하고 '교리는 필요 없다, 참선이면 다 된다.'라는 식으로 나가다가는 허망 구렁텅이로 굴러 떨어지고 맙니다. 기지도 못하는 원숭이 새끼가 담박 천길 절벽 위로 뛰어오르겠다고 덤비면 어찌 되겠습니까?

44 수행은 한 걸음 한 걸음 나아가는 것입니다. 발심수행은 겸허한 마음으로 한 계단 한 계단 올라가는 것입니다. 그런 까닭에 수

제6장 무엇이 불사(不死)의 삶인가?

행에서 가장 중요한 것은 게으름을 부리지 않는 것입니다. 게으름 부리지 않고 끊임없이 나아가는 것, 정진(精進)하는 것입니다. 그래서 '수행정진(修行精進)한다.'라고 말합니다.

우리 스승 붓다 석가모니께서는 방일(放逸), 곧 게으름을 가장 싫어하시고 불방일(不放逸), 곧 정진하는 것을 가장 찬양하십니다. 부처님께서 경책하십니다.

"신과 인간은 애착에 얽매여 무엇인가를 갖고자 한다. 이 집착에서 벗어나라. 짧은 세월을 헛되이 보내지 말라. 짧은 세월을 헛되이 보낸 자는 지옥에 떨어져 한탄한다.

게으름은 때[垢]와 같은 것, 때는 게으름 때문에 생긴다. 애써 닦음으로써, 또한 밝은 지혜로써 자기에게 박힌 화살을 뽑으라."

— 숫타니파아타/정진 —

45 "게으름은 때[垢]와 같은 것.
짧은 세월 헛되이 보낸 자는 지옥에 떨어진다."

우리는 이 말씀 경청할 것입니다. 무지(無知)·번뇌(煩惱)·가짜 나(假我)…… 이런 때[垢]는 게으름이 만들어낸 것입니다. 지옥·아귀·축생·육도윤회의 불길은 게으름이 만들어낸 것입니다. 생로병사(生老病死)의 고통 또한 게으름이 만들어낸 것입니다.

고인 물은 스스로 썩어버리듯, 땀 흘리며 수행정진하지 않는 자는 스스로 죽음과 지옥의 불길 속으로 전락합니다. 땀 흘리며 일하지 않는 가정은 가난뱅이가 되고 일하지 않는 직장은 망합니다. 게으르고 일하지 않는 민족은 희망이 없습니다.

46 "부처님께 예불 올려라.
정성껏 함께 나누어라.
오계를 받아지녀라.

불경을 읽고 관(觀)하라."

이 수행일과를 지켜가는 것은 쉬운 일이 결코 아닙니다. 힘들고 불편한 일이지요. 때로는 고통과 희생이 요구되기도 합니다.

그러나 벗이여, 이 길밖에 없는데 어찌합니까? 이 길 아니 가면 죽음밖에 없는데 어찌합니까? 게으름 피우며 허송세월하다가 이 육신이 허망하게 무너져내릴 때는 어찌합니까?

아니, 지금 이 순간 우리 어깨를 무겁게 누르는 이 불안과 우울의 짐은 어찌합니까?

붓다 석가모니께서 구시나가라 사라쌍수 언덕에서 입멸하시며 나와 당신을 향하여 마지막으로 경책하십니다.

"수행자들아, 이제 나는 그대들에게 고하노라.

만들어진 모든 것은 변하고 사라져가느니 게으르지 말고 힘써 정진하며 그대들의 수행을 완성하라." −마하파리닙바나−

47 "아무래도 나는 틀렸어. 너무 나이 많고 기력이 약해서 정진하기 어려워−이제 와서 수행해봤자 뭐가 되겠는가."

여기 한 장로 비구니의 고백이 있습니다.

"몸이 쇠약해 지팡이에 의지하고 탁발을 나갔지만, 팔 다리가 후들거려 결국 땅바닥에 쓰러지고 말았습니다. 그러나 육신의 이러한 고통 때문에 저의 마음은 곧 해탈을 얻었습니다."

−장로니게경/담마 비구니−

벗이여, 저 담마 장로니(長老尼) 스님을 관(觀)하십시오. 지팡이에 의지하고 탁발을 나서는 저 담마 스님의 행보를 관(觀)하십시오.

후들거리다가 땅바닥에 쓰러지는 저 노(老)스님의 모습을 관(觀)하십시오.

제6장 무엇이 불사(不死)의 삶인가?   251

그 순간, 마음의 빛을 발하며 해탈하는 저 담마 스님의 찬란한 얼굴을 관(觀)하십시오.

벗이여, 이래도 망설이겠습니까?
벗이여, 이래도 의심하겠습니까?

48 저 투철한 수행정신.
후들거려 쓰러지면서도 결코 멈추지 아니 하는 저 강인한 노(老) 수행자의 용맹정진.
낡은 수레처럼 무너져내리는 순간까지도 "내 마지막 제자를 막지 말라." 외치시는 우리 스승 붓다 석가모니의 외로운 고행.

종이 울립니다.
벗이여, 예불시간입니다.

회향발원(님의 유교(遺敎) 따르겠습니다)

자비하신 부처님.
저희들 오늘부터 님께서 밝히신 마지막 가르침 따르겠습니다.
"모든 것은 사라져가느니 게으르지 말고 힘써 정진하라."
이 간절하신 유교, 목숨을 기울여 따르겠습니다.
항상 함께하시는 자비하신 부처님.
믿으며 배우며 함께 나누며
예불 올리며 오계 지니며 불경 관(觀)하며 오늘 하루 이렇게 정진하겠습니다.
이 육신의 헌옷 벗어버릴 때까지 이렇게 발심 수행하겠습니다.

―석가모니불 정근―

찬불가 예불가

내용익힘

1. 다음 문장을 완성해 봅니다.
   ① 수행자들아, 이제 나는 그대들에게 고하노라.
   (   ) 모두 변하고 사라져가느니, (   )말고 힘써 (   ) 그대들의 (   )을 완성하라.
   ② 내 마음은 본래 (   ). 허공처럼 (   ) 이 마음이 나와 당신과 천지만물 일체 생명의 (   ). 이것이 (   )의 가르침을 통하여, 또 우리 스스로 (   )을 통하여 도달한 (   ) (   )입니다.
   ③ (   )와 (   )을 갖고 하루 루 (   ) (   ) 살아가려고 노력하는 것이 수행입니다. 수행은 곧 저 거룩한 스승 (   )와 같이 살아가려고 (   ) 수고하는 것입니다. (   ), 이 세상 모든 것을 (   ), 내 인생의 (   )을 짊어지고 끝없이 묵묵히 행진해 가는 것입니다.

2. 다음 물음에 간결하게 답합니다.
   ④ 일체 생명의 생명바탕이 무엇인가?

   ⑤ 우리 마음이 텅 – 비어 있다는 것이 무엇을 의미하는가?

   ⑥ 발심수행은 어떻게 하는 것인가?

교리탐구 정진(精進)·불방일(不放逸)이 무엇인가?

실천수행 매일 조석예불과 30분~1시간 정도의 수행일과를 엄격히 실천해 나간다.

단원정리

● **합송** 우리도 부처님같이

법사 선남 선녀들아, 죽음이란 무엇입니까?
대중 눈뜬 자에게는 이미 죽음이 없습니다. 사제 팔정도, 거룩한 해탈의 진리에 눈뜬 불자들에게 이 육신의 소멸은 죽음이 아니라 새 옷을 갈아입는 것입니다. 저 세상으로 가서 새옷을 갈아 입고 와서 완전한 깨달음, 위없는 깨달음을 향하여 행진을 계속해 가는 것입니다. 부처님의 제자, 눈뜬 이들에게 죽음은 종말이나 멸망이 아니라 새로운 탄생을 위한 한때의 휴식인 것입니다.
법사 선남 선녀들아, 성불은 어떻게 살아가는 것입니까?
대중 붓다 석가모니와 같이 살아가는 것입니다. 성불은 거룩한 스승 붓다 석가모니와 같이 참되게, 열심히 살아가는 것입니다. 이 육신이 낡은 수레처럼 허물어져내리는 순간까지, 스스로 열심히 노동하며 내 인생의 짐을 지고 뚜벅뚜벅 행진해가는 것입니다. 이 세상 모든 것을 사랑하면서, 내가 지닌 모든 것을 기꺼이 함께 나누면서 참되게, 열심히 살아가는 것입니다.
법사 선남 선녀들아, 성불하기 위하여 지금 여기서 우리는 무엇을 할 것입니까?
대중 마땅히 발심 수행할 것입니다. "내 인생은 지금부터 시작이야." 이렇게 희망과 용기를 갖고, 본래 청정한 나 자신의 불성생명력을 드러낼 것입니다. 부처님을 굳게 믿으며 정성껏 예불 올리고, 성스러운 대중을 굳게 믿으며 힘껏 함께 나누고, 진리를 굳게 믿으며 오계를 받아 지니고 불경을 읽으며 마음의 눈으로 고요히 관(觀)할 것입니다.
다함께 이제 저희 대중들 붓다 석가모니께서 가신 길을 한 걸음 한 걸음 좇아갑니다. 룸비니에서 구시나가라까지, 거룩하신 스승께서 누더기 한 벌로 걸식하시며 맨발로 피땀 흘리며 나아가신 길, 이제 저희

불자 성중들이 묵묵히 좇아갑니다. '우리도 부처님같이' 이렇게 가슴에 굳게 맹세하고, 결코 물러서지 아니 하며, 정진해갑니다. "내 마지막 제자를 막지 말라." 하신 그 간절한 자비를 실천하며 정진해갑니다. "만들어진 모든 것은 다 변하여 허물어져가느니, 그대들 게으르지 말고 힘써 정진하라." 이 최후의 유교 가슴에 새기며 오늘 하루 열심히 정진해갑니다. 이것이 곧 성불의 길이며 생사 해탈의 길임을 믿기 때문입니다.

● **창작** '룸비니에서 구시나가라까지', 이런 주제로 백일장을 열고 붓다 석가모니의 팔십 생애를 시, 시조, 수필, 편지글 등으로 발표합니다.

● **법담(法談)의 시간**
1. 주   제 : 수행일과를 효과적으로 실천할 수 있는 효과적인 방안에 관하여.
2. 주요내용 : ① 가정에서 불단을 어떻게 설치할 것인가?
② 조석예불을 올리는 실제적인 절차는?
③ 자비불사금(慈悲佛事金)을 보내는 구체적인 방법은?
④ 가정과 직장에서 오계를 실천하는 구체적인 방법은?
⑤ 매일 일정시간 불경을 읽고 관법수행을 닦아가는 실제적인 방법은?

부록

나의 기원
불자 하루송─아침기도
한 송이 연꽃의 발원
평화를 위한 발원─저녁기도

나의 기원

항상 함께 하시는 자비하신 부처님,
저희가 지극한 정성으로 부처님께 귀의하옵고
부처님의 정법 배우고 전하기 위하여
온갖 고난 참고 이기오며
굳센 신념으로
맹세코 큰 불사 성취하겠나이다.
저희에게 큰 지혜와 용기를 베푸소서.

나무석가모니불
나무석가모니불
나무시아본사 석가모니불.

불자 하루송 ● 아침기도

나는 거룩하신 부처님의 자식, 맑고 깨끗한 청(靑)보리
오늘 하루의 삶을 기뻐하고 찬탄합니다.
내 속에서 미소하시는 불보살님의 무한한 자비가
나와 가족과 우리 형제들의 앞길을
항상 광명과 행복과 건강으로 인도하심을 믿습니다.

나는 내가 하는 일이
나와 이웃과 사회를 위하여
진실로 보람찬 창조작업임을 믿기 때문에
정성과 능력을 다하여 일하고
또 약속을 지킵니다.

나는 항상 쾌활하게 웃고 콧노래를 부르며
우울한 얼굴을 하거나 불평하지 않습니다.
나는 이웃을 찬양하고 축복하며
결코 비방하거나 부정하지 않습니다.

내 앞에 닥친 고난과 실패는
그것이 어두웠던 내 마음의 그림자인 줄 아는 까닭에,
그것이 나를 일깨우고
더 크게 성취시키려는
불보살님의 숨은 자비인 줄 아는 까닭에
오히려 기쁜 마음으로
더 한층 굳세게 전진합니다.

언제 어디서나
부처님을 생각하고 그 이름을 부릅니다.
아침 햇살처럼 쏟아지는 불보살님의 은혜와
형제들의 사랑 앞에 감사드리며,
나는 오늘 하루도 유쾌하게 노래 부르면서
일하며, 전하며, 또 실증해 갑니다.
나무마하반야바라밀〈바라밀 염송으로 들어간다〉

한 송이 연꽃의 발원

한량없는 생명의 빛
자비하신 부처님
이제 저희가 한 송이 정결한 연꽃
님께 바치옵고 발원하오니
그윽한 향기 되어 감응하소서.

저희들 정성 다하여
부처님의 실재하심과
크나큰 은혜
굳게 믿사오며
부처님께서 가신 걸음걸음 따라
열심히 살아가는 것이
저희 인생의 행로임을
굳게 믿사옵니다.

저희들 정성 다하여
이 세상, 이 역사의 짐 짊어지고
땀 흘리는 노고를 통하여
진리의 수레바퀴 몰아
부처님 정법 전파 하오며
마침내
이 땅 위에
연꽃나라, 민족정토 이루오리니

한량없는 생명의 빛
자비하신 부처님
저희를 인도하소서.
진흙 속에 정결한 연꽃 피워내는
보살의 삶으로 인도하소서.

평화를 위한 발원 ● 저녁기도

자비하신 부처님,
오늘 하루
저희에게 베풀어 주신
님의 풍성한 은혜에 감사하옵고
알게 모르게 지은
저희들의 지난 허물들
진심으로 참회하나이다.

자비하신 부처님,
오늘 하루의 삶을 회향하면서
저희들은 스스로 묻고 있습니다.
'오늘 하루, 나는 땀 흘려 일하였는가?
 정성껏 부처님께 공양 올렸는가?
 힘껏 형제들과 함께 나누었는가?'

자비하신 부처님,
이제 모든 번뇌를 쉬고
님의 품속으로 돌아가
내일 아침
찬란하게 솟아오를
정토의 태양을 예비하나이다.
부처님
저희를 평화로 인도하소서.

나무석가모니불
나무석가모니불
나무시아본사 석가모니불.

찬불가

함께 가는 형제들
고마우신 부처님
밝은 태양
임의 숨결
은혜 속의 주인들
감로법을 전하자
부처의 씨앗일레
안에서 찾자
오! 이 기쁨
부처님 마음일세
자비방생의 노래
새로 났네
불고도의 노래
빛으로 돌아오소서
부처님 자비손길
진리행진곡
모두 성불하소서
예불가
우리의 기도

밝은 태양

반영규 글
서창업 곡

1. 한 무리 먹구름 해를 가렸네
2. 욕심과 무명이 내 맘 가렸네

어둡고 차가운 하루하룰세
탐욕과 시기의 하루하룰세

맑고도 시원한 한줄기 바람
만고에 불변한 부처님 말씀

부처의 씨앗일래

김재영 작사
원 명 작곡

안에서 찾자

대행 글
김용호 곡

부록 277

새로 났네

김 재영 작사
김 성근 작곡

불교도의 노래

서 정주 글
김 동진 곡

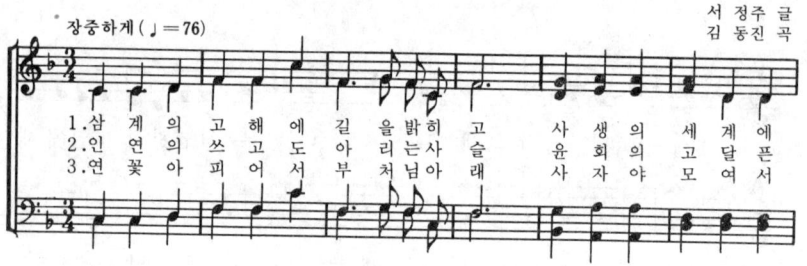

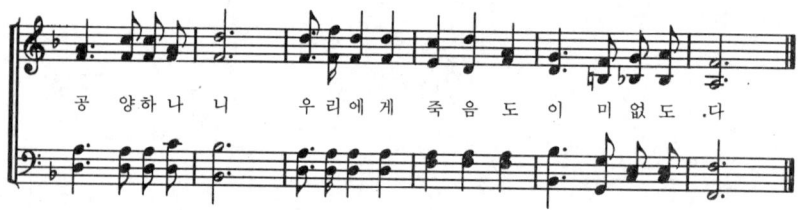

부처님 자비손길

김일엽 글
서창업 곡

그윽하게 (♩=66)

1. 부처님 자비손길 사바에 두루찼네
2. 부처님 무량광명 고해에 가득찼네

잡아라 붙잡아라 사무치게 외치건만
보아라 눈을떠라 터지도록 외치건만

귀먹고 눈어둔 중생 헛손질만 하더―라
길잃고 헤매는 중생 어둠쪽만 가더―라

우리의 기도

무 원 작사
김 성근 작곡

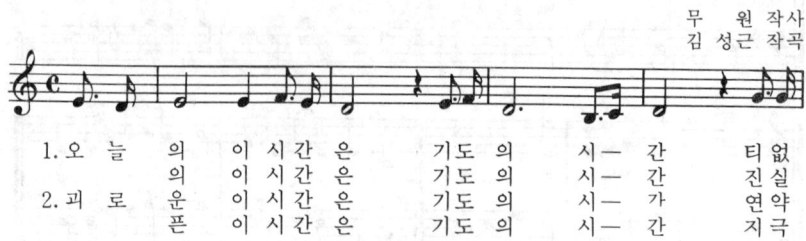

1. 오늘의 이시간은 기도의 시—간 티없
   의 이시간은 기도의 시—간 진실
2. 괴로운 이시간은 기도의 시—가 연약
   픈 이시간은 기도의 시—간 지극

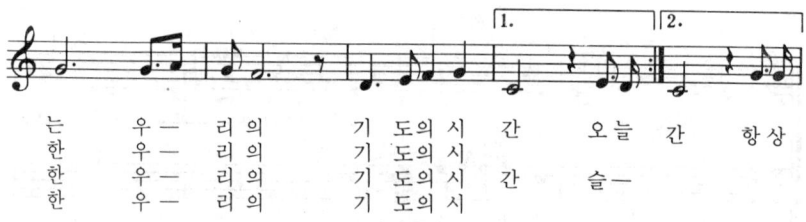

는 우—리의 기도의시간 오늘간 항상
한 우—리의 기도의시
한 우—리의 기도의시간 슬—
한 우—리의 기도의시

우 리와 함 께 하시는 부 처님을 찾아서

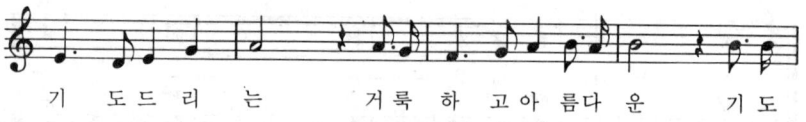

기 도드리 는 거룩하고아름다운 기도

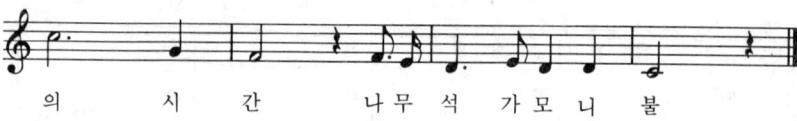

의 시 간 나무석가모니불

김재영

1938년 경남 마산에서 출생
서울대학교 사범대학 역사과와 동국대 대학원
불교학과를 졸업했다.
동덕여고 교사 및 한국외국어대학교 강사를
역임하였으며 현재 청보리회 상주법사를 맡고 있다.
1984년 이래 동방불교대학에서 포교론을 강의하고 있다.
저서에 『은혜 속의 주인일세』 『365일 부처님과 함께』
『우리도 부처님같이』 『민족정토론』 『내 아픔이 꽃이 되어』
『이 기쁜 만남』 『룸비니에서 구시나가라까지』
『초기불교개척사』 『붓다의 대중견성운동』
『인도불교성지순례기도문』 등이 있다.

나는 빛이요, 불멸이라

·

1993년 4월 10일 초판 발행
2004년 9월 15일 초판 3쇄

지은이/김재영
펴낸이/박상근(至弘)
펴낸곳/불광출판사

138-844 서울 송파구 석촌동 160-1
대표전화 420-3200
편 집 부 420-3300
팩시밀리 420-3400
http://www.bulkwang.org

등록번호 제 1-183호(1979.10.10)
ISBN 89-7479-022-X

◉ 잘못된 책은 바꾸어 드립니다.
값 8,000원